Reinhard Marx, Klaus Zierer

GLAUBE UND BILDU

Reinhard Marx, Klaus Zierer

GLAUBE UND BILDUNG

Ein Dialog zwischen Theologie
und Erziehungswissenschaft

Ferdinand Schöningh
Paderborn · München · Wien · Zürich

Umschlagabbildung
Stefan Zinsbacher

Bibliographische Information der Deutschen Nationalbibliothek

Die Deutsche Nationalbibliothek verzeichnet diese Publikation in der Deutschen Nationalbibliografie; detaillierte bibliografische Daten sind im Internet über http://dnb.d-nb.de abrufbar.

Internet: www.schoeningh.de

Einbandentwurf: Stefan Zinsbacher
Einbandgestaltung: Anna Braungart, Tübingen
Printed in Germany
Herstellung: Ferdinand Schöningh GmbH & Co. KG, Paderborn

ISBN 978-3-506-77359-3

Inhaltsverzeichnis

Vorwort ... 7

Mensch und Bildung ... 13

Familie und Elternarbeit ... 43

Lehrerrolle und Lehrerprofessionalität ... 77

Schule und Schulentwicklung ... 101

Universität und Lehrerbildung ... 131

Nachwort ... 159

Literaturverzeichnis ... 163

Über die Autoren ... 169

Vorwort

Zu keiner Zeit wussten Menschen so viel wie heute. Dies gilt für nahezu alle Bereiche des Denkens und Handelns. Damit einhergeht eine zunehmende Spezialisierung und Abgrenzung wissenschaftlicher Zugänge und Betrachtungsweisen. Dies mag für eine einzelne Disziplin durchaus hilfreich und nützlich sein. Für gesamtgesellschaftliche Fragen aber, die in der Schnittmenge zu mehreren Fächern stehen, ist dies problematisch, weil eine Reduktion und Verkürzung die Folge sein kann. Vor allem für das Thema „Bildung" ist diese Feststellung zutreffend. Denn Bildung ist das gesamtgesellschaftliche Thema und erfordert einen interdisziplinären Zugang, wie folgende Überlegungen deutlich machen:

Bildungsthemen sind gegenwärtig hoch im Kurs. Dies zeigt nicht nur die immer wiederkehrende Resonanz bei der Veröffentlichung neuester internationaler Vergleichsstudien. Auch Parteiprogramme und Tagespresse sind voll von pädagogischen Themen, wie nachstehende Beispiele veranschaulichen können:

- Die Universität der Zukunft (*Focus* vom 30.01.2012)
- Lernen ohne Schule (*Neure Zürcher Zeitung* vom 22.10.2012)
- Gute Lehrer braucht das Land (*Frankfurter Allgemeine Zeitung* vom 21.07.2012)
- Prof. Dr. Depressiv (*DIE ZEIT* vom 03.11.2011)
- Harmonie von Familie und Beruf – nur wie? (*Die Welt* vom 25.09.2012)
- Stiften gehen für die Bildung (*Süddeutsche Zeitung* vom 23.05.2012)

Gerade weil unterschiedliche Diskussionsbeiträge und Lösungsansätze eingebracht werden, klagen viele Pädagogen über Orientierungslosigkeit – und dies nicht nur in der Praxis, sondern auch in der Theorie:

- Bildung scheint immer mehr zu einer ökonomischen und somit messbaren Größe zu werden.

- Eltern sind angesichts einer zunehmenden Institutionalisierung von Bildung verunsichert und zweifeln an ihren eigenen Fähigkeiten.
- Lehrkräfte sehen sich mit Blick auf eine stetige Zunahme an Aufgaben überfordert.
- Schulen werden zu Durchlaufstationen des Lebens.
- Und Hochschulen werden im Zug einer Europäisierung zu Unternehmen umgebaut, was für manche den universitären Grundgedanken ins Wanken bringt.

Die Liste an solchen und ähnlichen Eindrücken lässt sich noch weiter ergänzen. Hinzukommen eine Reihe von Verfehlungen in allen pädagogischen Feldern, die zu negativen Schlagzeilen führten.

Für uns besteht vor diesem Hintergrund kein Zweifel: Bildung ist das gesamtgesellschaftliche Thema und von größter Relevanz für das Gemeinwesen und die Zukunft der Gesellschaft. Unser Miteinander basiert auf sozialer Gerechtigkeit und deshalb muss allen Menschen die Teilhabe an Bildung und Erziehung ermöglicht werden. Erziehungswissenschaft und Theologie sind dem Menschen verpflichtet und stehen in vielfacher Verantwortung für Bildungsfragen.

In einer Phase des Umbruches, wie sie eben dargestellt wurde, ist ein Blick in benachbarte Disziplinen angebracht, die sich durch einen reflexiven und kritisch-konstruktiven Charakter auszeichnen, um aus einer gewissen Distanz heraus mögliche Wirrungen und Verirrungen offenlegen zu können.

Infolgedessen waren die genannten Entwicklungen für uns der Anstoß, in ein Gespräch zu treten. Aus erziehungswissenschaftlicher Sicht bietet sich die Theologie für ein entsprechendes Vorhaben als Gesprächspartner an, weil das Christentum Bildung seit jeher in einem umfassenden Sinn versteht und fördert. Glaube und Bildung – so lautet daher der Titel des vorliegenden Buches, das einen intensiveren Dialog zwischen Theologie und Erziehungswissenschaft in Gang bringen will. Die Disziplinen sind personell vertreten durch:

Reinhard Marx ist als Kardinal und Erzbischof von München und Freising mitverantwortlich für viele Bildungseinrichtungen und zahlreiche Religionspädagogen. Zudem bekleidet er das Amt des Großkanzlers der Katholischen Universität Eichstätt-Ingolstadt und ist insofern in tertiäre Bildungsprozesse involviert. 2010 wurde er von *Papst Benedikt XVI.* in die Vatikanische Bildungskongregation berufen.

Klaus Zierer, der nach mehreren Berufsjahren als Lehrer an Grund-, Haupt- und Realschulen und Forschungstätigkeiten mit Promotion und Habilitation an den Universitäten München und Oxford seit 2011 den Lehrstuhl für Erziehungswissenschaften mit dem Schwerpunkt Allgemeine Didaktik / Schulpädagogik an der Carl von Ossietzky Universität Oldenburg innehat.

Der Gedanke des Dialoges war für uns nicht nur Schlagwort. Er war Programm: Der Dialog ist gesprochenes Wort, zeichnet sich durch Rede und Gegenrede im Hier und Jetzt aus. Dieses Zusammenspiel von Wort und Antwort kann nur jenseits überhöhter fachlicher Zuspitzungen und Begrifflichkeiten gelingen und muss sich an den allgemeinen Fragestellungen und Problemen orientieren. Der Dialog eröffnet damit die Möglichkeit des kritischen Nachfragens ebenso, wie die Gefahr des assoziativen Denkens in eine unvorhergesehene Richtung. Dies ist allerdings nicht negativ zu sehen, sondern in einem dialektischen Sinn als positive Eigenschaft des Dialoges zu werten: Die Offenheit für eine unvorhergesehene Richtung ist die Möglichkeit, neue Fragen zu stellen und kreative Lösungswege anzudenken.

Schwerwiegender ist das Problem der Verschriftlichung des Dialoges, wie seit *Platons* „Phaidros" bekannt ist: Die Verschriftlichung eines Dialoges läuft Gefahr, durch die Transformation einer Begegnung von Mensch zu Mensch in Schrift und Text die Lebendigkeit, Tiefgründigkeit und Komplexität eben dieser Begegnung zu nivellieren und zu reduzieren. Das Hin und Her des Gespräches, die Möglichkeit zur Rede und Gegenrede, die der Antrieb des Dialoges im Hier und Jetzt ist, fällt weg und lässt sich nur noch aus dem Auge eines Betrachters erahnen. Zudem ist die Schrift nicht offen für ein kritisches Nachfragen und lässt, wenn nicht unbedingt falsche, aber doch andere Interpretationen zu. Demgegenüber hat *Jacques Derrida* mit seinem Ansatz der Dekonstruktion gezeigt, dass die Schrift mehr Präsenz besitzt als das gesprochene Wort und beide, also Rede und Schrift, letztendlich Supplemente sind und in diesem Sinn mit Mangel behaftete Zusätze darstellen. Insofern können sie nicht als Gegensätze gesehen werden, sondern sie können sich ergänzen und gegenseitig ihren je spezifischen Mangel kompensieren.

Dies war für uns der Grund, im Sommer 2012 Gespräche zu führen und aufzuzeichnen. Um die ursprüngliche Situation so unverfälscht als möglich wiedergeben zu können, wurde auf tiefgreifende Veränderungen am Text weitestgehend verzichtet und schwerpunktmäßig an der orthographischen und grammatikalischen Richtigkeit gearbeitet. Aus demselben Grund wurde auch darauf verzichtet, mögliche und vielfältige Querverweise einzubauen und weiterführende Literaturhinweise zu geben. Das Gespräch als solches soll für sich stehen.

Die Auswahl der Themenbereiche folgte zunächst der subjektiven Wahrnehmung des Diskurses in den Erziehungswissenschaften, aber auch der tatsächlichen Präsenz in der öffentlichen Bildungsberichterstattung. Schlussendlich waren es fünf große Bereiche, über die wir gesprochen haben und die als Anstoß für einen Dialog zwischen Theologie und Erziehungswissenschaft dienen sollen: Mensch und Bildung, Familie und Elternarbeit, Lehrerrolle und Lehrerprofessionalität, Schule und Schulentwicklung, Universität und Lehrerbildung.

Neben diesen Dialogen enthält das Buch erziehungswissenschaftliche Einführungstexte, die versuchen, den Stand der Diskussion zu den erwähnten Themen darzustellen, und als kurzer und knapper, aber doch das Wesentliche enthaltender Einstieg in den Dialog dienen. Sie stellen keine wissenschaftlichen Abhandlungen im strengen Sinn dar. Aus diesem Grund wurde, ähnlich wie bei den Dialogen, auf mögliche und zahlreiche Querverweise und weiterführende Literaturangaben verzichtet. Für die Einführungen zu den einzelnen Kapiteln zeichnet *Klaus Zierer* verantwortlich.

Detaillierte Literaturhinweise und Querverweise in allen Bestandteilen des vorliegenden Buches sowie eine systematische Didaktisierung in Form von Marginalien, vertiefenden Studientexten und dazu passenden Übungsaufgaben ist für eine UTB-Ausgabe vorgesehen, die 2014 erscheinen soll.

Das Buch richtet sich an alle, die Interesse an Themen der Bildung, der Erziehung und des Glaubens sowie an aktuellen pädagogischen Fragen haben und offen sind für interdisziplinäre Zugänge. Wir laden den Leser ein, sich mit uns auf einen Dialog zwischen Theologie und Erziehungswissenschaft zu begeben, in dem viele Fragen aufgeworfen und differenziert diskutiert werden, ohne sie gänzlich beantworten zu können.

Das vorliegende Buch wäre nicht ohne Unterstützung zu seinem Abschluss gekommen. Jedoch lässt es der Platz, der dieser Einleitung eingeräumt wird, nicht zu, alle einzeln zu nennen. Deshalb sei zunächst ein allgemeines Dankeschön an all diejenigen gerichtet, die sich an der einen oder anderen Stelle der Arbeit mit ihren Gedanken wiederfinden. Ein besonderer Dank gilt aber *Inge Broy*, Theologische Referentin von *Reinhard Kardinal Marx*. Ohne ihre zuverlässige Koordination von Terminen und Absprachen sowie ihre kritisch-konstruktiven Rückmeldungen in allen Phasen der Bucherstellung wäre ein solches Projekt in dieser Kürze und Prägnanz nicht realisierbar gewesen. Und schließlich danken wir dem Ferdinand Schöningh Verlag, insbesondere *Hans J. Jacobs*, für die verlegerische Begleitung.

Fragen sind wichtiger als Antworten, heißt es sinngemäß bei *Karl Jaspers*. Und genau darin ist die Vision zu sehen, die wir mit unserem Buch verbinden. Wenn es vor dem Hintergrund von Glaube und Bildung dazu beiträgt, aus dem Vergangenen heraus Gegebenes zu hinterfragen und unter einem anderen Blickwinkel zu betrachten und zudem Zukünftiges anzudenken und zu skizzieren, dann haben wir unsere Zielsetzung erreicht.

München und Oldenburg, im Januar 2013

Reinhard Marx und Klaus Zierer

Mensch und Bildung

Die Einführung

Klaus Zierer

Es scheint zum Zeitgeist zu gehören, aktuelle Entwicklungen in erster Linie negativ zu sehen. Dies lässt sich in einer zunehmend differenzierteren Medienlandschaft tagtäglich beobachten und trifft vor allem auf Bildungsthemen zu: Die Krise des Landes wird als eine Krise der Bildung verkauft. Beides lässt sich jedoch mit einem distanzierten Blick auf die Fakten nicht ohne zurückbleibenden Zweifel bestätigen. Zunächst zu Deutschland insgesamt: Deutschland zählt seit jeher zu den sichersten und wirtschaftsstärksten Ländern Europas. Dasselbe Urteil lässt sich mit Blick auf Bildung im Allgemeinen und im Besonderen fällen: Die Zahl der Analphabeten ist im weltweiten Vergleich gering und die Zahl der Studierenden steigt kontinuierlich. Selbst in den viel zitierten internationalen Vergleichsstudien, wie *PISA* (Programme for International Student Assessment), *PIRLS* (Progress in International Reading Literacy Study) und *TIMMS* (Trends in International Mathematics and Science Study), schneidet Deutschland immer besser ab. Wenn man es pointierend formulieren wollte, dann könnte man sagen: Deutschland stand, was Bildungsfragen anbelangt, noch nie so gut da, wie in der gegenwärtigen Situation.

Und dennoch: Bildung in Deutschland weist Schwächen auf, die nicht von der Hand zu weisen sind. Als Schlagworte seien an dieser Stelle „Bildungsgerechtigkeit", „Ökonomisierung der Bildung", „Vermessung der Bildung" und „Bildungsnotstand" genannt. Ein Hinterfragen dieser Begrifflichkeiten macht deutlich, dass eine reflektierte und kritisch-konstruktive Auseinandersetzung mit den dahinter liegenden Problemen eine grundlegende Diskussion zum Bildungsbegriff selbst notwendig macht. Was ist unter Bildung zu verstehen?

Etymologisch betrachtet stammt das Wort „Bildung" einerseits vom althochdeutschen „bilidon" ab, das so viel wie „gestalten, Form geben, prägen" meint, und andererseits lässt es sich auf das althochdeutsche „bilidi" in der Bedeutung von „Vorbild, Muster, Nachahmung" zurückführen. Der Sprachgebrauch des Wortes „Bildung" hat schließlich seinen gedanklichen Ursprung in mystisch-theologischen und naturphilosophisch-spekulativen Denkrichtungen, die vor allem im Spätmittelalter auftraten. *Johann Eckhart* ist an dieser Stelle zu nennen, der als Vater des Bildungsbegriffes gesehen wird, da dieser aus der Verbindung der Imago-Dei-Theologie mit der neuplatonischen Emanations- und Reintegrationslehre sowie aus der Verknüpfung des mystischen Bildungsgedanken mit dem lateinischen Ausdruck „forma“ das Wort „Bildung“ im Sinn von Bildwerdung in die Diskussion einführte. Dieses hat dann vor allem durch *Johann Gottfried Herder*, *Wilhelm von Humboldt* und *Georg Wilhelm Friedrich Hegel* seine klassische Ausprägung erfahren und wurde zu einem zentralen pädagogischen Begriff.

Mit diesen terminologischen Überlegungen wird bereits ein zentrales Kennzeichen des Bildungsbegriffes angesprochen, wie man es in aktuellen erziehungswissenschaftlichen Diskussionen verfolgen kann: Bildung steht in Verbindung mit einer Vorstellung, einem Ideal, einem Menschenbild. Und eben dieser Punkt wird kritisch gesehen: Kann und darf von einem Menschenbild gesprochen werden? Kann und darf der Bildungsbegriff eine normative Perspektive besitzen? Ist Bildung noch eine brauchbare Kategorie? Die Beantwortung dieser Fragen spaltet die erziehungswissenschaftliche Forschungsgemeinschaft nicht nur inhaltlich, sondern auch methodisch. Im Wesentlichen lassen sich drei Positionen skizzieren, neben denen es sicherlich noch weitere Ausdifferenzierungen und auch Überschneidungen gibt:

Während die eine Position, man könnte sie geisteswissenschaftlich orientiert nennen, an entsprechenden normativen Vorgaben und somit an einem neuhumanistischen Bildungsbegriff festhält, versucht die andere Position über empirische Zugänge Bildung zu erschließen, was häufig in einer Neubestimmung des Bildungsbegriffes in Form einer Konkretisierung durch andere Begriffe, wie beispielsweise den Kompetenzbegriff, mündet. Eine weitere Position tritt für eine Abschaffung des Bildungsbegriffes ein und plädiert im Sinn einer Dekonstruktion für eine Erziehungswissenschaft ohne Bildungsbegriff. Alle drei Richtungen finden sich im gegenwärtigen erziehungswissenschaftlichen Diskurs wieder, was exemplarisch an einzelnen Fragen angedeutet werden soll:

„Geisteswissenschaftlich“ betrachtet ist beim Bildungsbegriff von einem Menschenbild auszugehen, in dessen Zentrum der Mensch als Person steht. Diese selbst ist gekennzeichnet durch eine unantastbare Würde, durch Offenheit, Freiheit, Interpersonalität, Transzendenz und Religiosität sowie durch eine Verbindung von Leib, Seele und Geist. Bildung besitzt demgemäß eine Komponente, die auf das Wesen des Menschen selbst rekurriert. Und in diesem Sinn lässt sich Bildung auch als Menschwerdung verstehen. Natürlich ist damit nicht gemeint, dass Bildung völlig losgelöst von situativen und räumlich-zeitlichen Gegebenheiten zu sehen ist. So definieren auch gesellschaftliche und persönliche Rahmenbedingungen das, was unter Bildung zu verstehen ist, und machen eine stete Auseinandersetzung mit dem Bildungsbegriff notwendig. Bildung besitzt folglich neben der angesprochenen Komponente, die auf das Wesen des Menschen fokussiert, auch eine Komponente, die auf das Dasein selbst in seiner Individualität und Gebundenheit an Raum und Zeit Bezug nimmt. Die Kritik an einem solchen Bildungsbegriff lässt sich aus der Perspektive einer empirischen Erziehungswissenschaft auf den Punkt bringen: Er enthält überhöhte, nicht greifbare Bestandteile, die für ein entsprechendes Wissenschaftsparadigma nicht tragfähig und somit unbrauchbar sind. Würde, Offenheit, Freiheit, Transzendenz und dergleichen lassen sich weder messen noch testen, können nicht beobachtet und nicht kategorisiert werden. Insofern ist ein Bildungsbegriff in dieser geisteswissenschaftlichen Tradition voll von normativen Setzungen, die wissenschaftlich im Sinn einer empirischen Forschung nicht haltbar sind.

„Empirisch" betrachtet ist folglich ein anderer Bildungsbegriff notwendig – einer eben, der zum damit verbundenen Forschungsparadigma passt. Vorreiter für ein entsprechendes Denken dürften aktuell gesehen die bereits genannten internationalen Vergleichsstudien *PISA*, *PIRLS* und *TIMMS* sein, die empirisch fundierte und statistisch ausdifferenzierte Verfahren zur Messung von Kompetenzen anwenden. Durch diese Konzentration auf Messbares wird ein anderer Bildungsbegriff entwickelt: Nicht mehr Normatives, das von einem Ideal oder einem Menschenbild abgeleitet wird, steht im Zentrum des Interesses, sondern Reales, aus gesellschaftlichen Bedürfnissen und Notwendigkeiten Appliziertes ist bedeutsam und wird in Form von Kompetenzen ausformuliert. Mit diesem Gedanken findet eine Grundposition der Moderne, wie sie in den Sozialwissenschaften diskutiert wird, Eingang in den erziehungswissenschaftlichen Diskurs. Der Vorteil einer solchen Bestimmung liegt auf der Hand: Bildungsprozesse können somit vergleichbar gemacht werden und ermöglichen internationale Anschlussfähigkeit. Dies ist insbesondere dann ein schlagkräftiges Argument, wenn bedacht wird, dass das

Wort „Bildung" nicht ohne Schwierigkeiten in andere Sprachen übersetzbar ist. Aber auch die Kritik an einer solchen Bestimmung des Bildungsbegriffes ist offensichtlich: Nicht alles, was sich messen lässt, ist für Bildung relevant und nicht alles, was zur Bildung gehört, lässt sich messen. Des Weiteren wird im Anschluss daran kritisiert, dass diese Vermessung der Bildung zu einer Ökonomisierung der Bildung führt, die die erhobenen Faktoren in einen Zusammenhang mit wirtschaftlichen Interessen bringt.

„Dekonstruktivistisch" betrachtet, um die dritte Position anzusprechen, ist der Bildungsbegriff fallen zu lassen. Er kann nichts von dem, was er für sich in Anspruch nimmt, umsetzen. Dies lässt sich am Beispiel des Verhältnisses zwischen Bildung und Herrschaft veranschaulichen: Ist es – und dies gilt sowohl für eine geisteswissenschaftliche als auch eine empirische Position – ein Anliegen des Bildungsbegriffes, zu mehr gesellschaftlicher Gerechtigkeit beizutragen und von entsprechenden Zwängen zu befreien, führt Bildung aber gerade selbst zu diesen Zwängen und verfestigt Herrschaftsverhältnisse. Dieses Problem zeigt sich auch im Verhältnis zwischen Bildung und Armut: Bildung wird als Möglichkeit gesehen, Armutsverhältnisse aufzubrechen. Doch in der Realität ist Bildung einer der Faktoren, der diese Verhältnisse verhärtet. Aufgrund dieser Widersprüche erscheint Bildung als nicht brauchbare Kategorie.

Überträgt man diese Überlegungen auf den Glauben und seine Stellung in der Gesellschaft, so lassen sich Parallelen feststellen. Denn auch Glaube und Religion stehen mehr denn je in der Kritik und die Positionen reichen von konservatorisch über modernisierend bis hin zu ablehnend. Aktuell sind ungefähr jeweils ein Drittel der Bevölkerung in Deutschland katholisch, protestantisch und konfessionslos – mit einer deutlichen Tendenz angesichts steter Kirchenaustritte. Darüber hinaus wirft sich die Frage auf, wie Glaube und Bildung zusammenhängen: Ist Glaube ein Teil von Bildung oder aber Unterbau oder Überbau? Was hat es mit einer religiösen Bildung auf sich? Diese und ähnliche Überlegungen bilden eine Gesprächsbasis, auf die der nachstehende Dialog aufbaut und Fragen von Bildung, auch im Verhältnis zum Glauben, zu beantworten versucht. Es liegt auf der Hand, dass damit auch die Grundintention des vorliegenden Buches, wie sie sich im Titel manifestiert, zu diskutieren ist: Wo und wie begegnen sich Theologie und Erziehungswissenschaft?

Der Dialog

ZIERER: Lassen Sie mich durchaus etwas provokativ mit der Religionskritik beginnen, die unter anderem die Wechselseitigkeit von Glaube und Vernunft infrage stellt. Ich nenne ein paar Buchtitel: *Karl Marx* bezeichnet Religion im Anschluss an *Ludwig Feuerbach* als „Opium des Volkes" (1844). „Neue Atheisten" wie *Sam Harris* titeln „Das Ende des Glaubens" (2004), *Richard Dawkins* veröffentlicht sein Buch „Der Gotteswahn" (2006), *Daniel Dennett* schreibt „Den Bann brechen: Religion als natürliches Phänomen" (2006), *Michel Onfrey* proklamiert „Wir brauchen keinen Gott" (2006) und *Christopher Hitchens* publiziert „Der Herr ist kein Hirte – Wie Religion die Welt vergiftet" (2007). All die genannten Autoren kritisieren jede Form von Religion als irrationalen Aberglauben und setzen sich für eine von Vernunft und Verstand dominierte Welt ein. Vor dem Hintergrund dieser Religionskritiken könnte man schließen, dass Glaube und Bildung beziehungsweise Theologie und Erziehungswissenschaft nicht ins Gespräch kommen müssten.

MARX: Vielleicht müssten sie das nicht, aber wenn man sich der Realität der Geschichte stellt – das gehört ja auch zur Vernunft dazu: anzuschauen, was wirklich entstanden ist, was geschehen ist, was passiert ist, Wechselwirkungen zu begreifen –, kann man, glaube ich, Bildung nicht verstehen ohne Religion und – speziell in unserem Kontext – ohne die biblische Botschaft. Es gibt ein Wechselverhältnis, es gibt den Gottesgedanken, der zur Geschichte der Menschheit dazugehört. Und was Menschen denken, vernünftigerweise auch denken, worüber sie reflektieren, das gehört auch zum Gegenstand von Bildung und Erziehung, zu den kulturprägenden Mächten. Also unabhängig von der Frage, ob man selber religiös ist oder nicht, man muss, denke ich, aus vernünftigen Gründen schon sagen: Wenn ich mich mit dem, was Bildung bedeutet hat und auch heute bedeutet, beschäftige, dann kann ich nicht einfach Religion ausklammern – das ist das eine. Das andere ist die Frage des Vernunftbegriffs, der schon einseitig gesetzt wäre, wenn jemand sagt: „Vernünftig ist, nicht über Gott nachzudenken." Das ist eine Setzung, die man nicht ohne Weiteres akzeptieren muss, die in sich nicht vernünftig erscheint, aus meiner Sicht. Denn der Gedanke, dass es mehr gibt als den Menschen, dass es darüber hinaus eine Wirklichkeit gibt, ist eben nicht nur eine religiöse Vorstellung, sondern zutiefst geprägt von der griechischen Philosophie. Das ist eigentlich das, was auch die biblische Botschaft und die griechische Philosophie gewissermaßen zueinander gebracht hat, obwohl das historisch unterschiedliche Stränge sind. Über den Gedanken *Platons* – das, was ist, das, was ich sehe, ist nicht alles, das ist etwas, was erscheint, aber es gibt eine Wirklichkeit, die noch dahinter verborgen ist – kann man sinnvollerweise streiten. Aber der Ansatz, dass die mir erscheinende Wirklichkeit zwar Informationen gibt, aber noch nicht die ganze Wirklichkeit ist, dass die mir gezeigte Welt oder die, welche ich empirisch fassen kann, noch nicht die ganze Welt ist, dass darüber hinaus und dahinter eine andere und größere Wirklichkeit sein kann, das ist ein Gedanke, den die Menschen von Anfang an hatten. Das ist nicht nur und auch nicht speziell eine religiöse Frage. Die Religion beantwortet diese Frage auf bestimmte Weise, aber auch die Philosophie, also das vernünftige Nachdenken über die menschliche Existenz, geht in diese Richtung. Und ein Drittes könnte man hinzufügen, wenn man gerade auf *Marx* eingeht: Das ist sehr interessant. Das Zitat stammt aus der Einleitung von „Zur Kritik der *Hegel*schen Rechtsphilosophie" und darin steht genau diese Zwiespältigkeit: Religion ist „Opium des Volkes" – nicht, wie häufig zitiert wird, „für" das Volk – und kann aber gleichzeitig „Protestation" gegen bestehende Verhältnisse sein. Religion ist also auch eine Kraft, die Welt anders zu sehen, als sie ist, so würde ich sagen. Die Welt, wie sie ist, muss nicht das letzte Wort haben. Das ist im Grunde genommen etwas, was zutiefst auch Ausgangspunkt von Religion ist, aber auch des philosophischen Nachdenkens. Insofern meine ich: Natürlich kann man sagen, ich rede über Bildung und Erziehung, ohne mich mit Religion zu beschäftigen. Aber man würde dann doch wesentliche Teile des menschlichen Denkens und des Erfahrungsschatzes sowie des Bildungsprogrammes der Menschheitsgeschichte ausblenden. Und ich glaube, das ist nicht legitim. Denn man kann nicht sagen, wir fangen jetzt an, über Bildung nachzudenken, und vorher ist im Grunde genommen alles falsch gewesen. Wenn man reicher und breiter über den Menschen nachdenkt, darf man das Thema „Religion" nicht ausblenden. Wie man sich dazu verhält, das kann man kritisch diskutieren. Aber es komplett auszublenden, halte ich für eine Verkürzung der Wahrnehmung.

ZIERER: Der aktuelle erziehungswissenschaftliche Mainstream, der stark empirisch ausgerichtet ist und versucht, alles Normative, insofern auch alle Glaubensfragen, auszublenden, steht in einem Widerspruch zu dem, was Sie gesagt haben. Meines Erachtens haben Sie in Ihren Ausführungen aber auch zwei Punkte eröffnet, die helfen können, diese beiden Positionen aneinander heranzuführen: Auf der einen Seite haben Sie die Vernunft angesprochen, die momentan ganz stark den Bildungsdiskurs dominiert, wenn man an die Outputorientierung denkt. Da spielen Kompetenzen, Fähigkeiten und Fertigkeiten, die man messen kann, also messbare Vernunftelemente, eine große Rolle. Auf der anderen Seite haben Sie den Hinweis auf das Höhlengleichnis von *Platon* gegeben: Das, was sich hinter den Sachen verbirgt, ist zu ergründen. Dies kann aber eher mit dem Begriff des Glaubens umfasst werden, der zentraler Begriff in der Religion, in der Theologie ist. Vernunft und Glaube – ich möchte diesen Punkt noch einmal vertiefen –, spielen auch in der Theologie von *Papst Benedikt XVI.* eine zentrale Rolle. Er verweist an verschiedenen Stellen auf *Augustinus.* Welchen Beitrag können Glaube und Vernunft als Gegenpole oder als zwei Seiten einer Medaille zu einer nicht reduktionistischen, also nicht verkürzenden Erschließung des Bildungsbegriffes leisten?

MARX: Interessant ist ja, dass *Benedikt XVI.* immer wieder vom gegenseitigen Brauchen spricht – auch schon in seinen früheren Schriften. Das hat sich beispielsweise niedergeschlagen in der Enzyklika „Fides et Ratio" von *Johannes Paul II.*, die er wesentlich mit beeinflusst hat. Die Vernunft braucht den Glauben, der Glaube braucht die Vernunft. Beides! Er spricht von den Gefährdungen oder von den Pathologien, den möglichen Pathologien der Vernunft und auch von den möglichen Pathologien des Glaubens. Das ist etwas, was gerade für die Geschichte des Christentums von außerordentlicher Bedeutung ist. Ich glaube, in dieser dezidierten Form hat keine andere Religion eine wissenschaftliche Reflexion ihrer Selbst in Gang gebracht, eine kritische Reflexion über die eigenen Aussagen, um Pathologien des Glaubens zu vermeiden – einen Fundamentalismus etwa oder einen Fideismus, der im Grunde genommen den Glaubensakt und den Glauben so isoliert von den anderen Möglichkeiten des menschlichen Wissens und Verstehens, dass er nur wie eine Erleuchtung da ist, aber im Grunde nicht mehr diskutiert und nicht mehr kritisiert werden kann. Glaube ist dann etwas, das erratisch dasteht. Das lehnt der Papst ab. Also der Glaube braucht die Vernunft, er braucht das kritische Nachdenken: Was sagst du eigentlich? Was bedeutet das? Woher kommt das? Ist das auch genau so gemeint? Gibt es auch andere Variationen? Wie kann man das verstehen? Wie kann man das in Begriffen ausdrücken, so dass Menschen, die nicht glauben, verstehen, was du sagst? Und so weiter. Das reinigt den Glauben, das zwingt ihn, vor dem Tribunal der Vernunft seine eigenen Argumente zu wägen, sich selber auch zu kritisieren und Verirrungen möglichst zu vermeiden. Und umgekehrt: Auch eine Vernunft, die sich eben hinstellen und sagen würde, beispielsweise in der „szientistischen Versuchung" des 19. Jahrhunderts, jeder Ausgriff auf einen Glauben, also auf eine religiöse Dimension, auf den Gottesgedanken, ist in sich eine Verhinderung vernünftigen Denkens, reduziert eben die Möglichkeiten des Denkens. Ich wiederhole, was ich eben gesagt habe: Dieser Gottesgedanke ist da. Und er ist nicht in sich unvernünftig. Niemand kann das eine oder das andere beweisen. Aber ihn zu denken und zu argumentieren, was es bedeutet, wenn ich sage „Ich glaube." oder wenn ich von Gott spreche, dies muss auch selbst einer empirischen Untersuchung möglich sein. Was bedeutet ein Glaubensakt? Das ist eine wissenschaftlich sehr wichtige und auch sehr vernünftige Fragestellung. Was bedeutet das für einen Menschen, wenn er sagt „Ich glaube."? Was verändert das? Kann ich da genauer hinschauen? Insofern meine ich, ist diese Wechselbeziehung vielleicht typisch abendländisch. Es hat jedenfalls dazu geführt, dass wir gerade in der Tradition des Abendlandes von einer starken Vernunft ausgehen – nicht von einer schwachen, sondern von einer starken Vernunft, die also ausgreift nach den Möglichkeiten des menschlichen Denkens und nicht nur nach dem, was ich messen und zählen kann, sondern nach den Möglichkeiten des menschlichen Denkens, des vernünftigen menschlichen Denkens. Das gehört, glaube ich, durchaus in dieses Wechselverhältnis hinein.

ZIERER: Dieser Zusammenhang zwischen Glaube und Vernunft dürfte für jemanden, der offen ist für eine geisteswissenschaftlich orientierte Position, so nenne ich es jetzt einmal, durchaus Zustimmung erfahren: „crede ut intelligas" sowie „intellige ut credas". Ich möchte dennoch aus einer Extremposition heraus argumentieren, aus einer stark empirisch orientierten Wissenschaft: Sie haben es selber deutlich gemacht, den Gottesbeweis als solchen kann ich empirisch nicht liefern.

MARX: Aber der Gottesglaube ist empirisch da. Ich kann nicht sagen, hier ist die empirische Wissenschaft und da ist die Geisteswissenschaft, sondern auch die geisteswissenschaftlichen Punkte kann ich in gewisser Weise empirisch anschauen, natürlich nicht vollständig. Aber hier die reine empirische Wissenschaft, dort Glaube und Geisteswissenschaft, Phantasie und Spekulation und was weiß ich, ist eine falsche Alternative. Sondern das Phänomen Glaube, Kirche, Religion ist da, ist fassbar. Ich bin durchaus eher aristotelisch geprägt: Schauen wir hin! Was tun Menschen? Wie verändert sie das? Ob man das alles genau erfassen kann, ist eine Frage, aber ich bin nicht der Meinung, man könne diese Bereiche dem Empirischen ganz entziehen. Also man sollte auch aushalten, dass man Kirche, Religion, gläubiges Verhalten, auch bestimmte Haltungen in gewisser Weise empirisch untersuchen kann und sie einer empirischen Fragestellung offen stehen. Wenn Empirie bedeutet: Naturwissenschaftliche Methoden sind die einzigen Methoden zur Erkenntnis, dann – wiederhole ich noch einmal – bringe ich wesentliche Bereiche des menschlich Möglichen außerhalb des Blickfeldes: Kunst, Musik, Philosophie und so weiter. Es geht hier nicht nur um Religion, es geht um Möglichkeiten des menschlichen Daseins, die nicht allein einer naturwissenschaftlichen, empirischen, experimentellen Fragestellung offen stehen.

ZIERER: Insofern wäre eine interessante und auch empirische Forschungsfrage: Was verändert Menschen, wenn sie an Gott glauben? Vor diesem Hintergrund erscheint mir folgender Konsens möglich: Wenn ich über Bildung spreche, dann kann ich mich nicht nur auf streng empirisch Überprüfbares konzentrieren, sondern muss zudem andere Daseinsformen in den Blick nehmen, die es eben auch gibt und die mit anderen, beispielsweise geisteswissenschaftlich orientierten Methoden ergründet werden können. Allerdings hat dies zur Folge, dass man dann, wenn man von Bildung spricht, eine gewisse Zielvorstellung oder eine bestimmte Ausgangsposition des Menschseins vor Augen hat, die einen normativen Charakter besitzt.

MARX: Ich kann nicht einfach sagen, die empirische Seite ist nicht normativ. An irgendeinem Punkt von Bildung und Erziehung komme ich auf die Frage, was sein soll. Sonst brauche ich ja gar nicht weiter zu überlegen. Noch nicht einmal den Fächerkanon könnte ich so überlegen. Warum soll jemand beispielsweise Englisch lernen oder bestimmte andere Dinge? Ich muss irgendwann wählen, ich muss mir irgendwann auch Gedanken darüber machen, was das Richtige ist für ein achtjähriges Kind, was es einmal werden und sein soll. Also, normative Bereiche kann ich nie aussparen. Die Empirie gibt mir nicht allein die Antworten. Natürlich gibt sie mir bestimmte Antworten, was überhaupt möglich ist, oder sie liefert bestimmte wissenschaftliche Erkenntnisse darüber, wie das geistige Fassungsvermögen eines zehnjährigen Jungen aussieht und so weiter. Dazu gibt es Erkenntnisse – wie weit die reichen, darüber mögen die Wissenschaftler miteinander streiten. Sicherlich wird es auch nicht nur eine Meinung geben, aber daran kann man arbeiten. Das hindert jedoch nicht die Frage: Was dann? Wohin soll denn der Weg der Erziehung und Bildung gehen? Und da gibt es verschiedene Möglichkeiten. Natürlich kann ich sagen: Hauptsache ist, die Kinder passen sich ein in das kapitalistische Wirtschaftssystem. Das ist aber auch eine normative Antwort, eine sehr normative Antwort, das muss man klar wissen. Oder gibt es eine normfreie Vorstellung von Persönlichkeit? Im Übrigen gibt es eine große abendländische Tradition: das gute Leben. Nicht im Sinn von „viel haben, gut essen und trinken", sondern das gute Leben war von Anfang an das Leitbild: ein gutes Leben zu führen, ein sittlich gutes Leben. Dahinter steckt der Gedanke, den Menschen zu fassen als eine sittliche Existenz, die entscheiden kann zwischen gut und böse. Und das Gute zu wählen, führt den Menschen in das gelingende Leben. Das ist sozusagen die Zusammenfassung der gesamten abendländischen Ethik, und ich glaube nicht, dass man sagen kann, dass die nur empirische Zugangsweise zu diesen Fragen uns von dieser Herausforderung entbinden könnte. Die bleibt im Raum stehen. Ich kann versuchen, sie unterschiedlich zu beantworten. Aber ich kann diese Frage nicht ausklammern, die kriege ich nicht vom Tisch, die muss ich beantworten.

ZIERER: Damit ist aus meiner Sicht und rückblickend auf die Eingangsfrage, die ich gestellt habe, warum es für mich als Erziehungswissenschaftler wichtig ist, mich mit der Theologie auseinanderzusetzen, ein erstes wichtiges Zwischenergebnis gefunden. Um es noch einmal deutlich zu machen: Wenn ich dem aktuellen Mainstream in der Erziehungswissenschaft folgen wollte und mich wirklich nur auf Empirisches konzentrieren würde, dann wäre ich zum einen aus methodischer Sicht reduktionistisch, weil viele Daseinsformen des Menschen eben nicht auf empirische Art und Weise erschließbar sind.

Zum anderen wäre ich aus inhaltlicher Sicht reduktionistisch: Jeder Empiriker setzt gewisse Normen und insofern arbeitet auch er normativ. Das Fatale für einen Empiriker wäre somit, sich bei seiner Arbeit nicht diesen anderen Daseinsformen des Menschseins zu widmen, weil aus der Geschichte bekannt ist, wie effektiv und produktiv diese Daseinsformen sein können – was insbesondere im Christentum unter Beweis gestellt wurde. Ich würde den Punkt der Normativität gerne noch einmal aufgreifen und am Beispiel einer empirischen Erziehungswissenschaft vertiefen, die sich derzeit mit dem Bildungsbegriff stark auseinandersetzt. Zu nennen sind an dieser Stelle die großen internationalen Vergleichsstudien *PISA, PIRLS* und *TIMSS*, die flächendeckend den Diskurs in der Erziehungswissenschaft verändert haben. Denn es gibt auch kritische Stimmen, die genau den Punkt erörtern, den Sie angesprochen haben: Hinter jeder Empirie steht eine Norm. Wenn man zum Beispiel *PISA* nimmt, wohlgemerkt von der *OECD* (Organisation for Economic Cooperation and Development) in Auftrag gegeben, also von einer Vereinigung mit einem klar wirtschaftlichen Interesse, dann ist unstrittig, dass dahinter auch eine Norm steckt. Diese wird oft unter dem Begriff einer „Ökonomisierung der Bildung" kritisch zusammengefasst. Dazu möchte ich kurz aus Ihrem Buch „Das Kapital" vorlesen, in dem Sie sich mit *Karl Marx*, Ihrem Namensvetter, auseinandersetzen und ihn zeitgemäß auf Fragen der Politik und Wirtschaft zu übertragen versuchen. Ich möchte den Versuch mit Ihnen unternehmen, Ihren Gedankengang auf den Bildungskontext und auf die Bildungsdiskussion zu übertragen. Sie zitieren von *Karl Marx*: „Die Bourgeoisie reißt durch die rasche Verbesserung aller Produktionsinstrumente, durch die unendlich erleichterten Kommunikationen alle, auch die barbarischsten Nationen in die Zivilisation […] Sie zwingt alle Nationen, die Produktionsweise der Bourgeoisie sich anzueignen, wenn sie nicht zugrunde gehen wollen; sie zwingt sie, die sogenannte Zivilisation bei sich selbst einzuführen, d. h. bourgeois zu werden. Mit einem Wort, sie schafft sich eine Welt nach ihrem eigenen Bilde". Ich denke, dass vor allem dieser letzte Satz Eins zu Eins auf eine stark empirisch orientierte Erziehungswissenschaft übertragbar wäre. Sie versucht, Normatives auszublenden beziehungsweise die Norm so zu setzen, dass sie selbst ein Bild schafft, eine Marke setzt. Letztendich entlarvt sie sich damit, nicht empirisch zu sein oder nicht ausschließlich empirisch zu sein. Vielmehr trägt sie deutlich normative Elemente in sich, die unterm Strich höchst problematisch sein können.

MARX: Es ist im Grunde ein falsch verstandener *Hegel*: Was sich durchsetzt, ist im Recht. Und das ist jetzt nicht nur auf *Marx* bezogen, sondern das gilt insgesamt für ein evolutives Weltbild. Es ist ja *marxistisch* genauso: Was sich entwickelt, ist ein notwendiger Prozess. Es geht also im Grunde um Anpassungsprozesse. Bildung als Anpassungsprozess an bestehende Verhältnisse. Integration zum Beispiel soll Anpassung sein an die Gesellschaft – was immer das für ein Wesen ist: die Gesellschaft. Das ist ja auch eine sehr schillernde Gestalt. Das Denken über die Gesellschaft ist der Beginn der Soziologie. „Le Grand-Être" nach *Auguste Comte*, der seine Vorstellung so formulierte, „das große Wesen". Das kommt alles aus der Zeit des 19. Jahrhunderts. Da ist *Marx* nur eine Variante. Aber im Prinzip ist darin natürlich eine Gefährdung, und es ist ja nicht ganz verkehrt: Das heißt, diese Tendenz, dass sich etwas entwickelt, auch gesellschaftlich, und Menschen sich eigentlich anpassen sollen an das, was da ist, an das was faktisch existiert, entwickelt schon eine große Dynamik. Das Christentum hat eigentlich – und jetzt bin ich provokativ – mehr Freiheitspotenzial. Wenn wir vom freien Menschen ausgehen, suchen wir nicht den in allem Angepassten, sondern das freie Subjekt, das sich auch den gesellschaftlichen Verhältnissen gegenüber frei verhalten kann. Deswegen hat *Marx* das durchaus auch erkannt in seiner Einleitung von „Zur „Kritik der *Hegelschen* Rechtsphilosophie": Die Religion kann auch „Protestation" sein gegen bestehende Verhältnisse. Es ist nur kurz erwähnt, aber er hat eine Ahnung davon gehabt. Aber grundsätzlich stimmt das, was Sie angesprochen haben: Eine nur empirische Zugangsweise würde dieses Anpassungsparadigma des evolutiven Weltbildes verstärken. Es geht im Grunde darum zu schauen, was ist, und Menschen dahin zu bringen, dass sie sich mit dem, was ist, arrangieren und dass sie so werden, wie das, was ist. Dann sind sie am besten integriert, am besten angepasst, fungibel in der Bourgeoisie, im Kapitalismus, im Kommunismus oder wo auch immer, je nachdem, was gerade herrschend ist. Aber das ist ja doch kein Erziehungsideal! Da wundere ich mich manchmal sehr über manche, dass sie doch eigentlich den freien und verantwortlichen Menschen propagieren und genau das Gegenteil durch ihre Haltung oder durch ihre Forderungen unterstützen.

ZIERER: Diese Zuspitzung, diesen Vergleich finde ich spannend: Den Mainstream erziehungswissenschaftlicher Bildungstheorie, der sich auf *PISA*, *TIMMS* und *PIRLS* – ich will diese Studien ins Zentrum rücken – stützt, zu vergleichen mit kapitalistischen, kommunistischen Systemen.

MARX: Da werden Einige überrascht sein!

ZIERER: Ja! Ich teile die Auffassung dieser Überspitzung, will aber jetzt doch versuchen, die Gegenpartei noch zu retten. Die könnte nämlich argumentieren, dass genau die Kompetenzen, die in *PISA & Co.* erhoben werden, wie die mathematischen Kompetenzen, die naturwissenschaftlichen Kompetenzen, die Lesekompetenzen, Freiheit ermöglichen. Ohne diese Kompetenzen kann ich in unserer Gesellschaft nicht leben und kann unsere Gesellschaft nicht verändern.

MARX: Ja, wenn es nur darum geht, dass eine Gesellschaft, so wie sie ist, bleiben soll und kein Veränderungspotenzial da ist, der Einzelne im Grunde in der Gesellschaft aufgeht und der Bezugspunkt des Einzelnen nur die Gesellschaft ist, in der er lebt, dann ist das plausibel. Aber gerade von einer christlichen Botschaft her sagen wir: In einer Welt, in der ich lebe, muss ich auch überleben, muss ich mich auch mit den anderen arrangieren. Ich bin ja nicht allein auf der Welt. Ich muss kooperieren können, muss meine Fähigkeiten entwickeln, meine Fertigkeiten, meine Phantasien entfalten. Jeder Mensch ist ein Geschenk Gottes an die ganze Welt. Er ist also nicht für sich selber da. Kein Mensch ist eine Insel – das ist selbstverständlich. Aber er ist doch auch etwas Einmaliges und ist zu einer Freiheit berufen, die notwendig ist, wenn ich überhaupt von einer Persönlichkeit reden will. Und deswegen ist, glaube ich, eine Grundlage für Erziehung und Bildung zunächst einmal, alle Kräfte zu mobilisieren, dass jemand zu einer solchen frei verantwortlichen Persönlichkeit heranreift. Es ist kein Widerspruch, dazu auch all die Kenntnisse zu erwerben, die in einer Welt notwendig sind, lesen zu können, schreiben zu können, die Geschichte zu kennen, kommunizieren zu können, Sprachen zu lernen. In der Welt, in der ich lebe, auch wirklich gut zu Recht zu kommen, das ist, glaube ich, ein selbstverständlicher Anspruch. Ich sehe da keinen Widerspruch. Aber das darf nicht das alleinige Rahmenprogramm von Bildung sein. Das wäre dann wirklich eine Verkürzung und würde eigentlich die Dinge verkehrt aufzäumen. Das Erste ist ja, dass Menschen die Kräfte, die in ihnen sind, und die Möglichkeiten ihrer Persönlichkeit selber entfalten und dann als Zweites die Mittel lernen, um in der Welt zu Recht zu kommen, eben auch Kompetenzen erwerben und so weiter. Aber das gesamte Bildungsprogramm darf nicht von den Notwendigkeiten der gesellschaftlichen Anpassung entfaltet werden, das halte ich für eine Verkürzung.

ZIERER: Aus meiner Sicht ergibt sich ein zweites Zwischenergebnis, das ich festhalten möchte: In einem vernünftigen Diskurs darf es nicht darum gehen, irgendeine Position gegen die andere auszuspielen – also Empiriker gegen Geisteswissenschaftler, Glaube gegen Vernunft. Sondern das Ziel muss sein, beide Seiten oder sogar mehrere Seiten in einen Dialog zu bringen, die Stärken der verschiedenen Positionen zu nutzen. Insofern ist nicht in erster Linie oder ausschließlich ein Widerspruch zu sehen und zu suchen, sondern es geht darum, reduktionistische Sichtweisen, also verkürzende Sichtweisen, zu vermeiden. Vor diesem Hintergrund finde ich zwei Punkte, die Sie angesprochen haben, wichtig für den Bildungsbegriff: Der erste Hinweis ist, dass der Mensch einmalig ist. Standards sind natürlich wichtig. Sie haben es angesprochen: Lesen muss ich können, Rechnen muss ich können, Schreiben muss ich können und vieles andere mehr. Das kann durchaus ein Stück weit standardisiert werden. Aber es kann nicht soweit standardisiert werden, dass diese Standards für alle Menschen in gleicher Art und Weise gelten müssen, weil das mit der Einmaligkeit des Menschseins nicht in Einklang zu bringen ist. Und der zweite Hinweis ist, dass das Menschsein oder der gebildete Mensch nicht die Summe von irgendwelchen Kompetenzen sein kann und schon gar nicht die Summe von drei Kompetenzen, wie sie beispielsweise *PISA* versucht zu messen, sondern dass dazu wesentlich mehr gehört. Für mich drängt sich an der Stelle ein wichtiger Punkt auf, der lange Zeit in der erziehungswissenschaftlichen Tradition diskutiert wurde: das Menschenbild, der Mensch als Person, der Personbegriff, der seinen Ursprung oder zumindest eine starke Position im Christentum hat, der aber aktuell dann doch ein bisschen konterkariert wird, wenn man von „Humankapital" spricht.

MARX: Ja, der Begriff ist eine Kapitulation vor der Herausforderung, vor der wir stehen. Im Grunde genommen hat man damit den Menschen gefasst als eingefügt in eine Welt der wirtschaftlichen Notwendigkeiten und ihn von daher definiert. Nicht alle, die den Begriff benutzen, meinen das. Aber es ist schon schade, dass der Begriff eine solche Relevanz bekommen hat. Wenn auch zum Beispiel in der Enzyklika „Centesimus Annus“ von *Johannes Paul II.* die Formulierung steht: „Die wichtigste Ressource des Menschen ist … der Mensch selbst“. Aber das ist noch einmal etwas anderes, das ist eine andere Konnotation. Da geht es um den Eigentumsbegriff. *Johannes Paul II.* versucht in „Centesimus Annus“ zurück zu schauen auf „Rerum Novarum“, wo es auch um die Frage des Eigentums ging und vom Eigentum her die sozialethische Herausforderung der damaligen Zeit des 19. Jahrhunderts entfaltet wurde. Darin wird gefragt, was bedeutet Eigentum. Eigentum sollte von *Thomas v. Aquin* her, so hat es *Leo XIII.* verstanden und ich will es mit meinen Worten formulieren, der Ausgangspunkt der Freiheit sein. Wer kein Eigentum hat, ist unfrei. Also muss ich die Arbeiter in Eigentum hineinführen, damit sie frei agieren können und nicht abhängig sind. Das war der Grundgedanke. Ohne Eigentum kann jemand nicht wirklich frei sein. Und *Johannes Paul II.* fragt nach einhundert Jahren, also 1991: Was bedeutet der Eigentumsbegriff heute? Vielleicht nicht Land und materielle Güter, sondern ein wesentlicher Eigentumstitel, um Freiheit zu ermöglichen, ist Bildung. Er setzt diesen Zusammenhang 1991 in der Enzyklika ganz neu um und sagt, dass die wichtigste Ressource für den Menschen nicht darin liegt, Rohstoffe oder landwirtschaftliche Güter zu haben, sondern die wichtigste Ressource ist der Mensch selber, und deswegen ist hier auch der Eigentumsbegriff ganz neu zu definieren. Umso wichtiger werden dann natürlich für die Zukunft Bildung und Erziehung – auch im Sinn einer Gesellschaft von freien Persönlichkeiten. Eine Voraussetzung für eine Demokratie, für Freiheit, für ein Miteinander, wie wir es uns auch als Christen vorstellen, ist im Grunde genommen Bildung. Dieser Zusammenhang wird in ganz neuer Weise unterstrichen. Aber das Wort „Humankapital“ engt das sehr ein. In dem Sinn, wie *Johannes Paul II.* davon spricht, kann ich durchaus etwas erkennen, was vielleicht manche andere damit meinen: Sein wichtigstes Kapital ist der Mensch selber und sich zu entfalten mit seinem Wissen, seinen Möglichkeiten, seinen Ideen, seinen Fertigkeiten, seinen Kompetenzen, ist der entscheidende Punkt für eine neue Sicht von Eigentum. Folglich ist eine reflektiertere und klarere Position im Blick auf das notwendig, was man richtigerweise darunter verstehen könnte. Der Begriff „Humankapital“ führt in die Irre, führt eben in dieses Anpassungsparadigma hinein, von dem wir eben gesprochen haben.

ZIERER: Ich habe zu dem, was Sie gesagt haben, zwei Anmerkungen, die ich wichtig finde und als ein weiteres Zwischenergebnis festhalten möchte: Zum einen, denke ich, war die Diskussion über den Begriff des Humankapitals ein Paradebeispiel dafür, wie sich Glaube und Vernunft ergänzen können. Ein strenger Bildungsökonom würde verkürzend sagen, Humankapital ist das, was der Mensch für die Gesellschaft leistet und auch nur vor diesem Hintergrund zu verstehen. Zum anderen geht die Position, die Sie in Anlehnung an *Johannes Paul II.* zitiert haben, weit darüber hinaus: Er bezieht diese Sichtweise auf den Einzelnen und versucht, Bildung vom Einzelnen ausgehend zu interpretieren. Vielleicht könnten wir es auch einfacher formulieren: Was macht der Mensch aus sich selbst und welche Möglichkeiten hat er dazu? Wie kann er sich bilden und was kann Bildung sein? Und dafür ist der Einzelne das Wichtigste, was er besitzt.

MARX: Rahmenbedingungen sind auch notwendig. Sie müssen dem Einzelnen auch die Möglichkeit zur Bildung geben. Man kann Menschen auch von Bildung ausschließen. Die Frage der Bildungsgerechtigkeit gehört dazu. Aber entscheidend muss der Ansatzpunkt sein: der Einzelne mit seinen Möglichkeiten. Der Einzelne muss zum Ausgangspunkt von Bildungsprogrammen werden und überhaupt von Bildungsinstitutionen. Es kann nicht darum gehen, Erwartungen von Institutionen zu befriedigen, indem die von außen an sie herangetragenen Ziele erreicht werden und der Einzelne angepasst wird. Vielmehr muss es darum gehen, Möglichkeiten, die in jedem Menschen stecken, zu heben – natürlich auch in Korrelation zu dem, was ist. Ich habe ja eben gesagt: Der Mensch ist keine Insel, er muss sich auch einfügen. Das wäre auch eine merkwürdige Sicht, denn Personalität bedeutet ja immer Selbststand im Gegenüberstand. Ich und Wir werden zusammengedacht. Der Begriff der Person ist etwas anderes als der Begriff des Subjektes. Deswegen wird in der christlichen Tradition von Person gesprochen. Es bleibt doch die unverwechselbare Würde jedes einzelnen Menschen und seiner Möglichkeiten, das zu entfalten. Und dann eben den Gedanken auch zu weiten: Wenn einer diese Möglichkeit hat, seine eigenen Fähigkeiten zu entfalten, dann ist das auch gut für alle, dann ist das auch etwas, was allen dient und nicht nur diesen kurzfristigen Zielen, die von der Nützlichkeit in einem vordergründigen Sinn ausgehen. Dann wird das auch die Würde des Menschen berühren. Das ist ja ein zentrales Problem. Die Frage ist hier: Was ist jemand, der nicht mehr fungibel ist, der nicht mehr auf dem Markt agieren kann, der nicht mehr bestimmte Nützlichkeitserwägungen bedienen kann? Ist der dann weniger wert? Und so weiter. Das muss man alles mitbedenken und deswegen ist der Ausgangspunkt von der Person her schon ein entscheidender Faktor. Aber es muss dem anderen nicht widersprechen. Es gehört auch zur christlichen Vorstellung: Du bist nicht für dich selber da. Nicht: ich suche einfach, was mir gefällt – das ist nicht die Vorstellung –, sondern: was ist meine Sendung in der Welt? Das heißt, die Bezogenheit zur Welt ist immer da. Ich sage den neu beauftragten Lehrern für den Religionsunterricht immer wieder: Ihr seid ein Geschenk an die ganze Welt, ihr habt einen Auftrag, eine Sendung für die anderen, eure Fähigkeiten einzubringen. Das gehört zur christlichen Tradition dazu.

ZIERER: An dieser Stelle passt ein Zitat aus Ihrem Buch „Das Kapital", in dem Sie von Bildung als Schicksalsthema sprechen. Dazu möchte ich an einer Bildungstheorie anschließen, die ich im Einleitungskapitel als eine dekonstruktivistische Position bezeichnet habe. Sie geht davon aus, dass Bildung eigentlich all diese Versprechen, die Sie jetzt genannt haben, also dass durch Bildung mehr Freiheit entsteht, dass Bildung Armut abschafft und so weiter, dass all diese Versprechen in der Realität nicht eintreten und somit nicht der Fall sind. Vielmehr zeigt sich an empirischen Studien, wenn man beispielsweise Bildung und Herrschaft oder Bildung und Armut vergleicht, dass Bildung der Faktor ist, der genau diese Ungerechtigkeiten verhärtet.

MARX: Also der mangelnde Zugang zur Bildung verhärtet und nicht die Bildung selber, oder?

ZIERER: Nein. Je besser meine Bildung ist oder je besser meine Ausbildung ist, desto mehr Möglichkeiten habe ich, in Herrschaftsbereiche zu kommen, desto unwahrscheinlicher ist es, dass ich arm werde. Aber gleichzeitig ist das eben das Problem am Bildungsbegriff, weil damit deutlich wird, dass er das, was er aufbrechen will, gleichzeitig verhärtet – und zwar insofern, als Bildung zu einer Stabilisierung von Machtverhältnissen führt, als Bildung zu einer Stabilisierung der Güterverteilung in einer Gesellschaft führt. Bildung ist in diesem Sinn das Instrument zur Verhärtung von Ungerechtigkeiten.

MARX: Ja, weil Bildung eben tatsächlich auch gesehen wird wie ein Gut, eben gemäß dem Ressource-Gedanken von *Johannes Paul II.* Und das heißt: Wo Machtverhältnisse sind, da können sie stabilisiert werden dadurch, dass man nur bestimmten Leuten den Zugang zu Bildung ermöglicht und einer breiten Masse der Bevölkerung den Zugang zu dieser verwehrt und Bildung somit exklusiv versteht. Das gehört auch zur Geschichte des Abendlandes dazu. Grundsätzlich jedoch vielleicht nicht, weil in der Bibel oder in der biblischen Tradition Lesen, Schreiben, geistige Zugänge haben offen für alle war. Alle werden getauft, gefirmt, also alle Glieder des Volkes Gottes. Das *Zweite Vatikanische Konzil* hat das unterstrichen: Jeder nimmt Teil am Priester-, am Königs- und am Prophetenamt *Christi.* Es ist ja eine grundsätzliche Generalisierung des Zugangs – auch zum Mysterium, zur Erlösung. Es gibt an sich keine Exklusion: Wer getauft ist, gehört dazu. Es gibt zunächst keine Exklusion. Faktisch ist das manchmal anders gelaufen. Aber von der grundsätzlichen Zugangsweise her, auf manchmal verschlungenen Wegen natürlich, so meine ich, hat das bis hin zu den demokratischen Vorstellungen geführt. Die Machtverhältnisse sind manchmal stärker, aber eigentlich ist der Zugang aller zu dem, was uns von Christus geschenkt wird, ermöglicht. Da gibt es keine Klassengesellschaft. Das hat sich zwar immer wieder durchgesetzt: Kleriker gegen Laien, Könige gegen die Kirche oder Adlige gegen Bürger und so weiter. Aber von der Grundanlage her dürfte es so nicht sein und deswegen stimmt es natürlich: ein wesentlicher Punkt ist Bildung. Wir haben im christlichen Abendland die Schulpflicht erst relativ spät eingeführt. Zudem haben wir nicht nur eine gloriose Geschichte und können nicht sagen, bei uns war das eigentlich immer großartig. Das ist nicht der Fall. Man kann Bildung benutzen zur Verfestigung der Herrschaft, natürlich. Man kann Bildung aber auch benutzen, um Menschen zu freien Persönlichkeiten zu erziehen. Wenn man alleine untersuchen würde, welche Bildungsideale im 19. Jahrhundert, im 18. Jahrhundert da waren, auch in kirchlichen Schulen, dann zweifle ich, ob das Thema Freiheit eine so große Rolle gespielt hat. Also man muss auch hier die geschichtliche Wahrheit sehen. Ich glaube, das Potenzial, und da hat *Karl Marx* recht mit der „Protestation", ist schon grundgelegt durch die biblische Botschaft, durch die große Tradition der Kirche, durch die großen Ressourcen, die immer wirksam geworden sind, und auch durch die Innovationen in Bildungsprogrammen. Man denke an dieser Stelle an die Jesuiten und andere. Wir hatten eine Reihe von Bildungsinnovationen, die aus dem christlichen Geist gekommen sind. Aber das andere ist auch immer sehr stark: Das Benutzen der Bildung, um bestimmte Herrschaftsverhältnisse zu legitimieren oder bestimmte Zuweisungen von Möglichkeiten zu organisieren und Exklusivitäten zu institutionalisieren. Das, glaube ich, ist schon richtig und deswegen ist es wichtig, dass wir uns als ein ganz großes Programm, auch aus einem christlich-sozialethischen Impetus heraus, Bildung für alle auf die Fahne schreiben. Bildung ist deswegen ein Schicksalsthema, weil ohne wirkliche Bildung für alle in diesem umfassenden Sinn auch die Demokratie gefährdet ist.

ZIERER: An dieser Stelle kann ein weiterer Punkt noch ein zusätzliches Argument für die Position sein, die wir beide gerade versuchen zu eruieren, indem wir reduktionistische, verkürzende Positionen vermeiden wollen: Im Hinblick auf die dekonstruktivistische Auffassung haben wir den Zusammenhang zwischen Bildung, Herrschaft und Armut deutlich gemacht. Dass es das Ziel sein muss, Bildung für alle anzustreben, um genau diese Verhärtungen zu vermeiden, dürfte unstrittig sein. Ihren vorhergehenden Ausführungen folgend, denke ich, kann man noch eine weitere Überlegung hinzufügen, die das Ganze ergänzt und auch eine dekonstruktivistische Position im Letzten zunichtemacht: Sie haben angesprochen, dass Bildung wichtig ist für den Einzelnen. Sie haben aber auch gesagt, dass der Einzelne nicht allein auf dieser Welt ist, sondern durchaus in eine Gesellschaft, eine Gemeinschaft eingebunden ist. Daraus könnte meines Erachtens der Schluss gezogen werden, dass zur Bildung auch dieses soziale Gefüge oder diese soziale Determinante gehört. Man kann Bildung nicht nur auf sich selbst bezogen verstehen, sondern Bildung recht verstanden bedeutet, die eigene Position zu nutzen, um der Gesellschaft, der Gemeinschaft insgesamt die Möglichkeiten zu geben, sich in eine bestimmte Richtung weiterzuentwickeln. Auf diesem Weg kann versucht werden, Armut zu vermeiden, Herrschaftsverhältnisse so zu strukturieren, dass sie, wo notwendig, nach Kriterien aufgestellt sind, die für alle Menschen nachvollziehbar und gerecht sind.

MARX: Das ist das, was wir das kritische Potenzial nennen. Dieses gehört zu einem wirklichen Bildungsweg dazu. Wir haben ganz am Anfang davon gesprochen und darüber nachgedacht, dass das, was ist, nicht das letzte Wort haben muss. Das, was sich durchsetzt, muss nicht im Recht sein. Das ist ein kritischer Zugang zur Wirklichkeit und zum eigenen Leben. So wie ich bin, muss ich nicht bleiben. Ich kann mich verändern. So wie die Umwelt aussieht, muss sie nicht bleiben, sie kann sich verändern. Das ist übrigens keine selbstverständliche Vorstellung. Sie ist auch sehr stark vom westlichen Denken her geprägt. *Philippe Nemo* geht in seinem Buch „Was ist der Westen?“ genauer auf diese Themen ein. Dort findet sich dieser kritische Punkt, eben die Welt zu entwerfen auf ein Ziel hin oder die Welt zu sehen als eine, die sich grundsätzlich verwandeln lässt und die man sogar verbessern muss, angefangen bei sich selber. Denn irgendwann stehe ich in der Stunde des Todes, in der mir *Christus* begegnet, und dann muss ich sagen: Was habe ich denn aus meinem Leben gemacht? Wie habe ich denn gelebt? Bin ich besser geworden? Habe ich mich verändert auf dieses Ziel hin, auf *Christus* hin, das Urbild menschlichen Lebens? Und ist die Gesellschaft verändert worden? Die antike Welt kannte das nicht, den Gedanken, dass die gesellschaftlichen Verhältnisse, die politischen Ordnungen sich verändern könnten. Natürlich hat es über Jahrhunderte auch dieses Denken im Mittelalter gegeben: alles ist, wie es ist, und es bleibt, wie es ist. Aber das war nicht der Grundgedanke des Christentums. *Augustinus* hat sich damit in seinem Buch „De civitate Dei“ beschäftigt: Was passiert, wenn jetzt das Römische Reich zusammenbricht? Ist dann der Glaube am Ende? Nein. Es geht weiter. Es gibt Veränderungen. Es geht hin auf die neue Schöpfung, auf den neuen Himmel und auf die neue Erde, darauf müssen wir zugehen. Deswegen ist es wichtig, glaube ich, in der Bildung diesen kritischen Gedanken mit einzubringen. Das heißt, es gehört auch zum Lernprozess, zum Bildungsprozess dazu, wie wir landläufig sagen, Dinge infrage zu stellen. Das, was ist, ist nicht als das Letzte zu sehen: Muss es so sein oder kann es anders sein? Das ist natürlich ein ungeheures Potenzial, was sich daraus entwickeln kann. Und eben das war unser Gesprächspunkt, dass sich Bildung auf die Gemeinschaft hin bezieht, ja beziehen muss.

ZIERER: Damit kommen wir auf bildungspraktische Fragen zu sprechen. Reden wir zuerst über die Bildung von Kindern und Jugendlichen: Bildung ist natürlich ein umfassendes Programm, vom ersten Augenblick des Daseins an bis zum letzten, wenn man so will, aber konzentriert auf die frühe Phase im Leben eines Menschen. Es gab die Tradition, dass ein Hauslehrer exklusiv einen adeligen Buben, einen Fürstensohn erzieht. Und er alleine wurde erzogen im Fechten, in Latein und so weiter. Wir würden dazu heute sagen: Nicht gut.

MARX: Ja. Bildung und Kommunikation ist hier das entscheidende Thema. Was bedeutet es, dass ich Bildung in Gemeinschaft erlebe, dass ich meine Fähigkeiten mit anderen in Beziehung setze, dass wir miteinander sprechen, dass wir uns gemeinsam auf den Weg machen? Was bedeutet es, soziale Projekte im Bereich von Bildungsprogrammen zu haben, also Sensibilitäten für den anderen überhaupt wachzurufen, den anderen wahrzunehmen? Dies alles geht nur über Sprache und Kommunikation. Überhaupt: Ich halte es für einen wesentlichen, zentralen Punkt in der Bildung, ob Menschen vernünftig, sachverständig, wohlwollend miteinander reden können. Man könnte sagen, das ist doch ganz normal. Das ist es aber nicht! In einer guten Weise miteinander zu reden, halte ich für einen ganz wesentlichen Punkt des Bildungsprogrammes, um dieses Ziel zu erreichen, vom anderen her zu denken, den anderen zu verstehen, zu überlegen, was der andere braucht, was meine Sendung für den anderen ist oder wie ich dem anderen begegne. Sprache und Kommunikation, beide sind Schlüssel für die Bildung.

ZIERER: Diesem Gedanken stimme ich sofort zu. Man findet ihn auch in der Literatur: Manche Bildungstheoretiker, allen voran *Wilhelm von Humboldt*, sehen den Anfang aller Bildung in der Sprache. Wenn die Sprache nicht da ist, kann ich nicht kommunizieren, bin ich alleine. Man könnte in diesem Zusammenhang ebenfalls an *Martin Buber* anschließen: Der Mensch wird am Du zum Ich. Wenn ich der Sprache nicht mächtig bin, kann ich nicht in diesen Dialog eintreten, der mich in meiner Bildung voranbringt. Ich möchte an der Stelle noch einmal eine kleine Zwischenzusammenfassung machen: Mir ist an Ihren Ausführungen nochmal besonders deutlich geworden, warum es sinnvoll ist, dass Erziehungswissenschaft und Theologie in einen Dialog treten sollen, ja sogar müssen. Wenn ich von Bildung spreche, geht es um die Persönlichkeitsentfaltung. Es geht darum, wie ich mein Dasein vom ersten Moment an bis zum letzten versuche zu gestalten, was ich aus meinem Leben mache. Dabei sind zwei Kriterien in den Mittelpunkt gerückt geworden. Ich möchte das eine Kriterium mit dem „Wesensgemäßen" umschreiben: Der Mensch ist Person und hat durch dieses Personsein gewisse Gaben, die gleichzeitig auch lebenslange Aufgaben werden. Die Freiheit, die Offenheit, die Transzendenz und eben auch die Dialogizität, was im Anschluss an Ihre Überlegungen zur Kommunikation und Sprache klar wird. Im Grunde spielt hier alles, was man aus der Anthropologie, der philosophischen, der pädagogischen oder der theologischen, weiß, eine Rolle. Und das zweite Kriterium haben Sie ebenfalls deutlich gemacht, als ich Sie nach dem Zusammenhang zwischen Bildung für den Einzelnen und Bildung für die Gemeinschaft gefragt habe. Sie haben betont, dass das mit dem Bildungsdenken verknüpft ist. Es ist wichtig, so ihr Gedanke, dass ich in die Zeit hineinwachse, in die ich geboren wurde, aber dass ich diese nicht unkritisch hinnehme, sondern dass ich Raum und Zeit, die beide das Dasein grundlegend bestimmen, durchaus auch kritisch sehe und versuche, in eine gewisse Richtung weiterzuentwickeln. Damit wird eine zweite Perspektive eröffnet, die ich mit dem „Seinsgerechten" umschreiben will. Sie ist für die Persönlichkeitsentfaltung ebenso wichtig wie das „Wesensgemäße". Beide bedingen sich gegenseitig und spannen den Rahmen auf für das, was Bildung meint und ausmacht.

MARX: Vielleicht noch als Ergänzung: Folgendes gehört auch, so denke ich, zur Geschichte des Christentums dazu. Im Christentum, so sagen manche Historiker, haben zwei Punkte eine Bedeutung, die dann und wann mal verschüttet sind, aber immer wiederkommen. Zum einen sehen sich die Christen nicht einfach identisch mit dem Staat und der Gesellschaft. Es gibt eine gewisse Spannung zwischen dem, was ist, und dem, was wir selber sind. Insofern ist da eine gewisse Relativierung. Zum anderen ist das Konzept der Innerlichkeit zu nennen. Da sind wir bei der Entdeckung des eigenen Subjektes, des Ich-Sagens. Wenn man die *Paulus*-Briefe oder *Augustinus*, in besonderer Weise die „Confessiones", liest, dann gibt es kaum Vergleiche dazu in der gesamten antiken Welt: Eine solche Selbstreflexion, die mich noch einmal in eine besondere Beziehung setzt zu Gott und zur Welt, aber eben als ein doch unverwechselbares Ich, ist einzigartig. Diese Distanz des Einzelnen zur Welt und damit auch die Distanz des Volkes Gottes und der Kirche zu dem, was sie umgibt, ist ein kritisches Potenzial, das man produktiv aufgreifen kann. Das kann zwar auch zum Selbstverschließen führen, und damit zu einer Gefährdung im Sinne von: „Wir ziehen uns zurück." Und der Einzelne sagt: „Ich brauche überhaupt niemanden. Ich gehe in die Wüste und trenne mich von allen Lebensbezügen." Aber – und das ist das Entscheidende – es kann auch zur produktiven Kraft werden.

ZIERER: Daran anschließend könnte diese Innerlichkeit als ein zentrales Bildungsziel bezeichnet werden.

MARX: Absolut.

ZIERER: Natürlich besteht dann die Gefahr, wie bei jedem Ziel, das ich mir setze, dass ich über das Ziel hinausschießen kann.

MARX: Das ist ja noch radikalisiert im Christentum, wenn man so will. Und ich glaube tatsächlich, dieser Gedanke ist wie in keiner anderen religiösen Vorstellung ausgeprägt, dass nämlich Gott in mir wohnt und er mir innerlicher ist, als ich mir selber innerlich bin. Also wirklich in mir wohnt! Und zwar als der dreifaltige Gott. Das ist eine unglaublich große Aussage! Und zwar in jedem Menschen, der getauft ist, der Christ ist, der sich dieser Wirklichkeit öffnet, ist eine Kraft, die göttlich ist, ist Gott anwesend. Im Übrigen gilt das in gewisser Weise für alle Menschen, was theologisch mit der Schöpfungsgnade begründet wird. Für jeden Nichtgetauften gilt ebenfalls: Er ist Bild Gottes. Jeder und jede! Das ist schon eine unvergleichliche Weltanschauung, diese Konzeption des Menschen. Dass der Mensch geschaffen ist, das sagen andere Religionen auch, aber diese Gottebenbildlichkeit und dann im Christentum noch einmal die Radikalisierung, dass dieser Gott nicht nur in eine Beziehung tritt zum Menschen, sondern in ihm wohnt, also das muss man sich bewusst machen, was das eigentlich bedeutet. Das ist schon eine Innerlichkeit, die ist sehr radikal gedacht.

ZIERER: Und sie trägt damit auch dieses kritisch-konstruktive Element in sich – zur Gesellschaft, zum Umfeld. Dazu gibt es doch bei *Augustinus* die schöne Stelle, wo er wörtlich sagt: „Du warst im Innern ..."

MARX: „Und siehe, du warst im Innern, und ich war draußen und suchte dich dort." Ja, in den „Confessiones".

ZIERER: „...Mit mir warst du und ich nicht mit dir."

MARX: Ja, das ist dieses schöne Zitat im zehnten Buch der „Confessiones", in dem *Augustinus* auch von der Entdeckung und „Umarmung meines inneren Menschen" spricht. Das ist sehr schön geschrieben. Er beschreibt das Äußerliche, aber er sagt, das ist eine Umarmung, die nach innen gewandt ist. Das sind wahnsinnig interessante Texte, die mich immer schon sehr bewegt haben.

ZIERER: Zwei Punkte zum Bildungsbegriff erscheinen mir noch wichtig – der eine gerade aktuell, der andere immer aktuell. Als Erstes würde ich auf einen religiösen Pluralismus zu sprechen kommen, der momentan in der Erziehungswissenschaft diskutiert wird. Insofern ist nicht mehr ein Glaube Bestandteil von Bildung, sondern stattdessen ein religiöser Pluralismus.

MARX: Wenn ich Religion nur sehe als einen Gegenstand des Wissens, komme ich vielleicht nicht ganz weiter. Auch das muss man natürlich tun: Es ist ein Gegenstand des Wissens. Ich kann mich rein kognitiv mit Religion beschäftigen und dann Religionen miteinander vergleichen. Aber wenn ich selber ein gläubiger Mensch bin, dann vollzieht sich für mich der Bildungsprozess anders, sobald ich über Religion nachdenke. Insofern stellt sich die Frage, ob es ausreicht zu sagen, man behandelt im Unterricht die Religionen. Das ist etwas zu kurz gegriffen. Es gibt religionssoziologische Blicke auf Religion. Da wird gesagt: Religion dient etwa dazu, die Kohäsion in der Gesellschaft zu fördern oder zur Kontingenzbewältigung beizutragen und dergleichen. Und alles, was dazu dient, gilt dann auch als Religion. Damit kommt man meiner Ansicht nach nicht an den Kern der Sache heran und behauptet einfach, man habe einen über das Ganze gelegten Blick und man könne alle Religionen am besten verstehen, wenn man sie nicht in ihrem eigenen Anspruch wahrnimmt, sondern nur in ihren Folgen für die Gesellschaft. Ob das so wirklich geht und weiterhilft, ob man überhaupt die Instrumentarien dafür hat, wage ich sehr zu bezweifeln. Dahinter steht ein utilitaristisches Konzept im Blick auf die Gesellschaft und dementsprechend baut man die Religion ein. Es ist also sehr schwierig, in diesem Sinn Religionen wirklich kennenzulernen in einem Bildungsprozess, wenn ich sie nur religionssoziologisch anschaue und im Unterricht nebeneinanderstelle. Damit habe ich ein gewisses Problem. Man wird das aber tun müssen, um überhaupt ein paar Grundkenntnisse zu erlernen. Aber dann müsste man doch auch ausgehen vom Selbstverständnis dieser Religion und – das wäre sehr wichtig – sie nicht noch einmal von einem anderen Standpunkt aus relativieren. Anders ist es, wenn ich in einer Gemeinschaft bin, etwa im Bereich des Religionsunterrichtes in einer Gruppe, die selber Glaube und Vernunft am eigenen Leibe durchexerziert, besser, an der eigenen Existenz durchexerziert. Ich glaube, das ist noch einmal eine andere Form eines ganzheitlichen religiösen Bildungsprozesses, der Religion in den Bildungsprozess selbst integriert. Denn ich bin der festen Überzeugung, dass man nicht einfach sagen kann: Es gibt Religion und Religion erfüllt bestimmte Funktionen. *Niklas Luhmann* spricht beispielsweise von der „Funktion der Religion“ und formuliert im gleichnamigen Buch eine kühne These: Wie könnte man Religion konstruieren? Man müsste versuchen, „Marxismus und Rauschsucht“ zu kombinieren. An dieser Überlegung kann man sich durchaus einmal abarbeiten, aber es nimmt im Grunde die inhaltliche Herausforderung gar nicht wahr. Wir haben gerade von der biblischen Botschaft gesprochen und von der Programmatik, die in ihr steckt und die sie auch entfaltet hat – eben nicht nur gedacht, sondern auch wirklich in der konkreten Geschichte entfaltet hat, nicht immer wie es den inhaltlichen Linien entsprechen sollte (ich muss die Geschichte des Christentums nicht schön reden), aber doch auch immer wieder wirksam entfaltet hat, das ist keine Frage.

ZIERER: Anders als dieser Pluralismus und seine Interpretation scheint mir eine Frage losgelöst von Raum und Zeit zu sein: Die Frage nach dem Tod. Leider taucht sie im erziehungswissenschaftlichen Diskurs kaum auf, obwohl Bildung als Menschwerdung und somit als lebenslanger Prozess gesehen wird, der mit dem Tod endet, aber damit womöglich gar nicht abgeschlossen ist. Insofern würde ich noch gern über Bildung in Abhängigkeit zum Tod sprechen – wir haben ja schon über den Anfang des Daseins gesprochen: Wie könnte man Bildung vor dem Hintergrund der Endlichkeit des Daseins sehen?

MARX: Ich glaube, dass ist ein wichtiger Punkt, egal ob von geisteswissenschaftlicher oder empirischer Seite. Wie sollen wir leben, ohne den Tod anzuschauen? Man kann natürlich verdrängen, aber zur Wirklichkeit des Lebens und damit zum Bildungsprogramm gehört im Grunde auch, sich zu den existenziellen Herausforderungen zu verhalten oder sie zumindest anzuschauen. Die größte Herausforderung, also die größte spirituelle Herausforderung für einen Christen ist, seinen eigenen Tod vorweg anzunehmen. Das ist ein hoher, vielleicht der höchste Ausdruck der Freiheit: Ich weiß, dass ich sterbe. Das nehme ich innerlich an. Das ist immer eine religiöse Übung gewesen: An jedem Abend ist die Komplet eine Einübung in das Sterben. Im „Nunc dimittis“ wird gebetet: „Nun lässt du, Herr, deinen Knecht, wie du gesagt hast, in Frieden scheiden.“ (Lk 2, 29) Manchmal gab es in den Exerzitien, etwa in der jesuitischen Tradition, eine

Einübung in die Sterbestunde. Man legt sich ins Bett, zündet eine Kerze an und denkt nach: Diese Nacht ist vielleicht die letzte Nacht ... Das mag einigen heute vielleicht etwas abwegig erscheinen, aber der Grundgedanke, sich zum eigenen Tod zu verhalten, den ich nicht kenne, von dem ich nur weiß, dass er kommt, ist schon eine wichtige Frage und da ist die religiöse Seite nicht auszuklammern. Das geht gar nicht. *Jürgen Habermas* hat dies in seinem Buch „Zwischen Naturalismus und Religion" (2005) ganz gut entfaltet: Gibt es wichtige Inhalte – wichtige Bildungsinhalte können wir dann anfügen –, die nur religiös ausgesprochen werden können? *Habermas* führt hierzu aus: Ja, die gibt es. Also, es gibt sinnhafte, notwendige Begrifflichkeiten, die nur religiös, in religiöser Sprache ausgesprochen werden können. Und weiter sagt er: Ihr, er meint die Religionen und damit vor allem das Christentum, ihr müsst es so reformulieren, dass ihr anschlussfähig bleibt. Ihr müsst eure Wissensbestände so reformulieren, dass jemand, der nicht gläubig ist, versteht, was ihr meint. Zwei Punkte hat er dazu auch in seiner Dankesrede „Glauben und Wissen" zur Verleihung des Friedenspreises des deutschen Buchhandels 2001 genannt: In dem einen Punkt ging es um die Frage der Biowissenschaften. Den Unterschied zwischen Schöpfer und Geschöpf, den kann ich nur religiös aussprechen. Brauche ich den Unterschied? Ja, sagt er. Ich sage es jetzt mit meinen Worten: Man braucht den Unterschied. Denn, wenn der eine zum Schöpfer des anderen wird, etwa indem Menschen gemacht werden, also die Menschen zu Produkten der anderen Menschen werden, dann ist die Demokratie am Ende, dann ist hier die Gleichheit der Menschen nicht mehr gegeben. Und diese Antwort kann ich eigentlich nur in einem religiösen Zugriff finden. Oder ich sage: Ja, ich kann der Schöpfer des anderen sein. Der andere Punkt ist die Gerechtigkeit für die Toten, für die Opfer der Geschichte. Diese Frage kann man nicht so einfach beantworten oder in einer gewissen empirischen Weise klären. Dann müsste man sagen: Pech gehabt! Der eine stirbt, der andere lebt. Der eine ist im Krieg umgekommen, die Kinder wurden getötet und noch mehr, was an Unglück passieren kann. Und in alldem gibt es keinen Sinn. Es gibt auch keine Gerechtigkeit für diese Toten, das muss man dann aushalten. Wenn man das nicht aushalten will, gibt es nur eine religiöse Antwort: Gerechtigkeit und Sühne für die Opfer der Geschichte. Das sind zwei Punkte, die durchaus in ein Bildungskonzept hineingehören. Die Notwendigkeit ist da, diese existenziellen Fragen zu stellen. Ich kann doch nicht einfach Bildung betreiben und dann sagen: Die Opfer der Geschichte, die Opfer von Auschwitz, ja das ist kein Thema für die Bildung. Das ist ein wichtiges Thema für die Bildung!

ZIERER: Mir fallen zu Ihren Ausführungen Überlegungen im Anschluss an *Immanuel Kant* ein, wonach sich Gerechtigkeit als etwas Menschliches, als etwas Moralisches bezeichnen lässt, wohingegen der Tod etwas Natürliches ist. Die Natur kennt jedoch kein Gut und kein Böse, sondern wir Menschen legen unsere Wertemaßstäbe in die Sachen und Geschehnisse hinein und fragen dann: Ist das gerecht? Ist das gut? Meines Erachtens ist es wichtig, Kindern und Jugendlichen diese Unterschiede deutlich zu machen. Sie gehören zur Bildung dazu.

MARX: Wenn Kinder und Jugendliche Tod in ihrer eigenen Familie erleben oder auch in der Schulgemeinschaft, dann ist das etwas, was ich in die Bildung mit hineinnehmen muss. Wie gehe ich mit dem eigenen Tod und mit dem Tod anderer um? Was bedeutet das? Also, ich finde schon, dass hier die christliche Perspektive zumindest ein reflektiertes Angebot ist, sich zu diesen existenziellen Situationen zu verhalten und dass man diese kennenlernen sollte. Ob man sie übernimmt, ist eine andere Frage. Aber sie kennenzulernen, das sollte im Bildungsprozess der Fall sein.

ZIERER: Ich finde, dass unsere Überlegungen hervorragend darlegen, was der Religionsunterricht heute noch, insbesondere vor dem Hintergrund einer Kompetenzorientierung, leisten kann. Denn der Religionsunterricht greift entscheidende Fragen des Menschseins auf, die kein anderes Fach beantworten und auch keine andere Zugangsweise in den Blick nehmen kann.

MARX: Ein Religionslehrer muss eigentlich wie ein Universalgelehrter sein. Er muss ausgreifen können auf Musik, Kunst, Geschichte, Philosophie, Wirtschaft, Politik und so weiter. Es ist doch unglaublich, was er von seinem theologischen Standpunkt her umfassen können muss. Er kann das nicht alles wissen, aber er muss sich dazu verhalten können. Und zudem noch ein persönliches Engagement mit einbringen und Zeugnis ablegen für eine christlich geprägte Lebensweise.

ZIERER: Ich würde Sie abschließend gern fragen, was Sie vor dem Hintergrund unseres Dialoges unter Bildung verstehen, wie Sie den Bildungsbegriff definieren würden.

MARX: Bildung ist für mich, in einem umfassenden Sinn verstanden, geistiges „Grundnahrungsmittel". Das haben wir an verschiedenen Punkten angesprochen. Ich halte das nochmals fest: Erstens dient Bildung der individuellen Entfaltung. Von Geburt an sind wir mit der Fähigkeit begabt, zu lernen, uns weiterzuentwickeln, zu dem Menschen zu werden, der wir sein wollen und der wir von Gott her sein können und sollen. Zweitens dient Bildung der sozialen Entfaltung. Wir sind soziale Wesen, die sich erst in der Beziehung mit anderen voll entfalten. Wir bilden uns ja nicht selbst, sondern wir brauchen ein Gegenüber, um Bildung zu erlangen. Ein weiterer Aspekt ist hier wichtig, den wir herausgearbeitet haben: Bildung hat nicht nur Auswirkungen auf das Individuum, sondern auch auf die Gesellschaft. Hier besteht ein enges Wechselwirkungsverhältnis. Drittens dient Bildung der ökonomischen Weiterentwicklung. In Zeiten hoher Arbeitslosigkeit und schwachen Wirtschaftswachstums werden die Bedeutung und das Fehlen von Bildung auch in Zahlen beziffert und stehen oftmals auf der Soll-Seite der Bilanzen. Viertens, und das ist für mich der entscheidende Punkt, dient Bildung der religiösen Entfaltung. Erst aus der Bindung zu Gott erwächst für den Menschen seine Personenwürde und damit letztlich seine Freiheit. Diese ist aber zugleich Gabe und Aufgabe, denn die menschliche Entfaltung ist nicht abgeschlossen mit der Geburt, sondern braucht lebenslange Aufmerksamkeit und Entwicklung. Diese vier Dimensionen zusammen eröffnen für mich ein tragfähiges und zukunftsträchtiges Bildungsverständnis.

Familie und Elternarbeit

Die Einführung

Klaus Zierer

Familie war historisch betrachtet lange Zeit fast ausschließlicher Ort, an dem Kinder erzogen und auch unterrichtet wurden. Erst mit der Einführung der Schulpflicht, die bis heute aufgrund der Kulturhoheit von den Bundesländern reguliert wird, kam es zu einer Unterstützung und Ergänzung der familiären Erziehung durch den Staat, wobei zu betonen ist, dass es in Artikel 6 des Grundgesetzes nach wie vor heißt: „Pflege und Erziehung der Kinder sind das natürliche Recht der Eltern und die zuvörderst ihnen obliegende Pflicht." Dahinter verbergen sich sowohl Gefahren als auch Chancen. Denn der Einfluss, den die Familie auf den schulischen Werdegang im Besonderen und auf den Bildungsprozess im Allgemeinen ausübt, kann sowohl positiv als auch negativ sein. Er ist abhängig von der Struktur der Familien selbst, die gegenwärtig zu bröckeln droht: immer weniger Personen pro Haushalt, sinkende Zahl an verheirateten Paaren mit Kindern, Abnahme der Kinderzahl pro Familie, zunehmende Instabilität von Ehen sowie anhaltender Geburtenrückgang, um nur ein paar Facetten anzudeuten, ohne sie an dieser Stelle weiter zu hinterfragen. Nicht zuletzt deswegen gehören Schlagzeilen über Krisen, Zerfall und Funktionsverlust von Familien zum festen und immer wiederkehrenden Pressespiegel. Und dennoch: Familie ist und bleibt in Zeiten eines Wertepluralismus (besonders im Hinblick auf unterschiedliche Rollen und Muster der Lebensführung) eine der wichtigsten und beständigsten Institutionen für Menschen jeglichen Alters, wie diverse Studien belegen.

Die Wirkungskraft, die von Familien ausgeht, beruht nach *Ludwig Liegle* (2006) im Wesentlichen auf drei Faktoren: Erstens auf einem genetischen Faktor, wonach Anlagen von den Eltern auf die Kinder vererbt werden. Zweitens auf einem zeitlichen Faktor, wonach Kinder vor allem die erste und insofern auch die meiste Zeit ihres Lebens bis zur Volljährigkeit in der Familie verbringen, was aktuell durch eine zunehmende und politisch forcierte Betreuung von Kindern im Elementarbereich untergraben wird. Und drittens auf einem sozialen Faktor, wonach die Familie ein interpersonales Gefüge darstellt, das mit Blick auf Intimität und Emotionalität von keinem anderen System ersetzt werden kann.

Vor diesem Hintergrund überrascht es nicht, wenn eine Reihe von Studien argumentieren, dass der Einfluss des familiären Umfeldes eine zentrale Bedeutung für die Bildung der Kinder und Jugendlichen besitzt. Zu nennen sind hier unter anderem für den vorschulischen Bereich die US-amerikanischen Head-Start-Programme sowie *SECCYD* (Study of Early Child Care and Youth Development), für den schulischen Bereich *PISA*, *PIRLS* und *TIMMS* sowie für den Längsschnitt *LifE* (Lebensverläufe von der späten Kindheit bis ins frühe Erwachsenenalter). An ausgewählten Bereichen sollen diese Zusammenhänge im Folgenden verdeutlicht werden – mit Blick auf sowohl positive als auch negative Konsequenzen:

Die angedeuteten Einflussbereiche sind nicht, wie lange Zeit angenommen wurde, in einer intakten Familie zu suchen, die klassischerweise aus Mutter, Vater und den Kindern besteht. Eine solche Familienstruktur allein führt nicht notwendig und nicht hinreichend zu einer gelingenden Erziehung und erfolgreichen Bildung. Vielmehr ist davon auszugehen, dass es in verschiedenen familiären Lebensformen ein positives Gefüge geben kann. Demgegenüber gibt es andere Faktoren auf Seiten der Familie, die in einen direkten Zusammenhang mit der Entwicklung der Kinder gebracht werden können. So konnte nachgewiesen werden, dass sich der Bildungsabschluss der Eltern auf die Bildungsaspiration auswirkt und diese wiederum auf die Leistungsentwicklung der Kinder: Je höher der Bildungsabschluss der Eltern ist, desto wahrscheinlich ist ein hoher Bildungsabschluss der Kinder. Dieser Zusammenhang lässt sich auch für die sozio-ökonomischen Verhältnisse der Familie aufzeigen: Je höher der sozio-ökonomische Status einer Familie ist, desto wahrscheinlicher ist ein hoher Bildungsabschluss der Kinder. Da sich diese Effekte vor allem auch in den Brüchen und Übergängen des Bildungssystems auswirken, wird in diesem Kontext von einem Bildungstrichter gesprochen, wonach laut 19. Sozialerhebung des *Deutschen Studentenwerkes* aus dem Jahr 2009 nur 45% der Kinder von Nicht-Akademikern die Sekundarstufe II besuchen und nur 24% ein Studium absolvieren. Im Vergleich dazu sind es bei Kindern von Akademikern 81% beziehungsweise 71%. Es wäre an dieser Stelle verkürzend, nur die positiven Aspekte dieser Zusammenhänge zu nennen. Denn Kinder aus entsprechend gut situierten Familien sind häufiger einer Verplanung und Verfrühung, einer Überlastung und Überforderung ausgesetzt als andere Kinder. Schulversagen, Selbstzweifel, Sucht und psychosomatische Erkrankungen können die Folge sein. Mit diesen Überlegungen ist ein Hauptfaktor des familiären Zusammenlebens angesprochen, nämlich die Beziehungsebene. Diese ist dann am förderlichsten, wenn ein autoritativer Erziehungsstil zugrunde liegt, in dem Wärme und Empathie, Bestätigung, Unterstützung und Fürsorge, klare Verhaltensanforderungen sowie Möglichkeiten eines Autonomieerlebens präsent sind. In einem solchen familiären Beziehungsgefüge ist es für Kinder und Jugendliche günstig, ein hohes Selbstwertgefühl, eine hohe Selbstwirksamkeitserwartung, eine hohe Selbstständigkeit, eine hohe psychosoziale Kompetenz und hohe Schulleistungen zu erzielen und gleichzeitig geringe Neigungen zu Verhaltensproblemen, zum Drogenmissbrauch und zu psychischen Störungen zu entwickeln. Es liegt auf der Hand, dass im Vergleich dazu bei allen anderen Erziehungsstilen mit mehr negativen Effekten zu rechnen ist.

Damit ist nochmals auf die Möglichkeit negativer Effekte zurückzukommen. Aus der Presse sind die tragischen Todesfälle von Babys und Kindern bekannt, die häufig das Ergebnis von Überforderung und Ausweglosigkeit sind. Familie kann in diesen, aber auch in weniger gravierenden Fällen zum Fallstrick der kindlichen Biographie werden. Im Wesentlichen sind hier laut *Thomas Rauschenbach* (2009) drei Defizite zu nennen: Erstens ein Betreuungsdefizit, das sich in zeitlicher, sozialer und sachlicher Hinsicht zeigt. Darunter fällt zum Beispiel das Problem, dass Arbeitswelt und Familienalltag zeitlich nur schwer aufeinander abzustimmen sind, dass Väter nach wie vor nur einen geringen Anteil an der Kindererziehung übernehmen und dass auch Großeltern immer seltener daran beteiligt sind. Zweitens ein Erziehungsdefizit, wonach Eltern aufgrund zunehmender Erosion von milieuspezifischen Lebensstilen und Erziehungspraktiken immer unsicherer im eigenen Handeln und Tun werden. Für viele liegt der Ausweg aus dieser konfliktträchtigen Situation im Ausbau institutioneller Bildungseinrichtungen. Und drittens ein Bildungsdefizit, das besonders bei Eltern auftritt, die selbst keine gute Ausbildung genossen haben und zudem auf einem niedrigen sozio-ökonomischen Status leben. Dieses kulturelle Kapital, wie es *Pierre Bourdieu* in „Die verborgenen Mechanismen der Macht" (2005) nennt, wird an die Kinder weitergegeben.

Summa summarum zeigt sich, dass die Familie eine schicksalshafte Bedeutung für die Bildung der Kinder und Jugendlichen besitzt, die sogar bis ins Erwachsenenalter hinein reicht. Überspitzt formuliert könnte man sagen: Familie ist die Quelle für Bildungsbenachteiligung und Bildungsbevorzugung. Für Bildungseinrichtungen, wie zum Beispiel Kindergarten und Schule, resultiert daraus die Aufgabe, einerseits mit Blick auf Bildungsgerechtigkeit und Chancengleichheit soziale Unterschiede zu mindern und andererseits Kinder und Jugendliche ihrem Leistungsvermögen entsprechend zu fördern und vor überhöhten Anforderungen zu schützen. Die Wege, die zu diesem Ziel führen können, werden aktuell kontrovers diskutiert. Zu ihnen zählen unter anderem die Erweiterung des Angebots an Kindertageseinrichtungen und Ganztagsschulen, um alle Kinder frühzeitig gemeinsam zu erziehen und zu unterrichten. Dies mag im Fall von Kindern aus einem ungünstigen Umfeld von Vorteil sein, für andere Kinder aber kann es zum Nachteil gereichen.

Das Verhältnis zwischen Familie und Schule ist mit diesen strukturellen Überlegungen noch nicht abschließend betrachtet. Denn Familie und Schule stehen in einem direkten Wechselwirkungsverhältnis:

Auf der einen Seite nimmt die Schule direkt Einfluss auf das Familienleben. Dies ist beispielsweise dann der Fall, wenn Schule zum Gesprächsthema wird, was nicht selten auch zu Konflikten führt. Daneben sind Erledigung der Hausaufgaben sowie Organisation und Finanzierung von Nachhilfeunterricht weitere Felder, in denen Schule in die Familien hineinwirkt.

Auf der anderen Seite haben Eltern auf verschiedenen Ebenen die Möglichkeit der Mitbestimmung, wie zum Beispiel im Elternbeirat, in Elternabenden und in Sprechstunden. Die Situation in Deutschland ist diesbezüglich aus Sicht der Eltern im internationalen Vergleich als gering einzustufen. Folgenreich dürfte in diesem Zusammenhang zudem sein, dass Eltern aus bildungsfernen Milieus kaum Kontakt zu Lehrkräften suchen, womit unter Umständen eine notwendige Kooperation und entsprechende Förderung der Kinder nicht in Gang gebracht werden kann.

Insgesamt zeigt sich dieses Wechselwirkungsverhältnis sowohl in der Forschung als auch in der Praxis als spannungsreich und ambivalent. Erinnert sei an dieser Stelle zum Beispiel an die Übertritts- oder Werteproblematik. Insofern dürfte gerade in diesem Bereich eine Intensivierung der Eltern-Lehrkraft-Kooperation eine wichtige Aufgabe bleiben, die auf Seiten der Lehrkraft einen Ausbau an Beratungskompetenz nach sich ziehen muss.

Damit ist der Weg bereitet, um einen weiteren Dialog zwischen Glaube und Bildung, zwischen Theologie und Erziehungswissenschaft zu führen. Denn auch im theologischen Kontext gehört das Gespräch, beispielsweise zwischen Eltern und einem Priester, zu den zentralen Handlungsfeldern. Infolgedessen werden nachstehend sowohl Grundstrukturen als auch Einzelprobleme von Familie und Elternarbeit diskutiert.

Der Dialog

Zierer: Die Familie scheint eine Schlüsselstelle in der Theologie und in der Erziehungswissenschaft einzunehmen: Sie entscheidet über den Glauben und bestimmt, wie lebendig er sein kann. In ähnlicher Weise trägt sie einen Großteil der erzieherischen Verantwortung und nimmt insofern Einfluss auf Bildungsprozesse. Wie würden Sie es sehen? Hat die Familie im Christentum eine so herausragende Stellung?

Marx: In der Heiligen Schrift hat die Familie, die Großfamilie, die Gemeinschaft einen ganz entscheidenden Stellenwert. Das Christentum kann man ja nicht verstehen ohne die jüdische Wurzel. Und im Judentum war und ist vielleicht durch die historischen Bedingungen noch stärker und ganz zentral die Weitergabe des Glaubens in der Familie, die gemeinsame Praxis der Feste, die Feier des Sabbat in jeder Woche von entscheidender Bedeutung. Bis heute ist es im Grunde genommen identitätsstiftend für das jüdische Volk, in der Familie den Glauben zu feiern und den Glauben zu leben. Das ist auch im Christentum sehr zentral und entspricht den soziologischen Erkenntnissen, dass die Kinder von den Eltern Wertüberzeugungen, Haltungen, Sprache, manchmal auch berufliche Neigungen übernehmen.

Aber es kommt etwas Zweites hinzu, das man oft unterschlägt: Es gibt auch eine familienkritische Seite im Christentum. Dies zeigt sich gerade im Verhalten *Jesu*. An mehreren Stellen relativiert er die natürliche Familie, weist auf Spannungen hin. Wichtiger für ihn ist, dass sich Menschen in die „neue" Familie, die Nachfolge hineinbegeben. Man findet in der Heiligen Schrift reichlich Stellen, etwa: „Wer Vater oder Mutter mehr liebt als mich, ist meiner nicht würdig, und wer Sohn oder Tochter mehr liebt als mich, ist meiner nicht würdig." (Mt 10, 37). „Man sagte zu ihm: Deine Mutter und deine Brüder stehen draußen und fragen nach dir. Er erwiderte: Wer ist meine Mutter und wer sind meine Brüder?" (Mk 3, 32f.), „Meine Mutter und meine Brüder sind die, die das Wort Gottes hören und danach handeln." (Lk 8, 21) Es zeigt sich also eine kritische Tendenz im Hinblick auf die Berufung des Einzelnen in seiner Individualität, auf die Verantwortung jedes Menschen für seinen Bildungsprozess und seinen geistlichen Berufungsweg.

Eine weitere im christlichen Kontext wichtige Überlegung möchte ich hinzunehmen: Erziehung und Bildung finden auch in anderen Räumen statt und man findet etwa im klösterlichen Raum eine neue Familie, so dass man im Überschritt auf den Glauben hin und im Annehmen des je eigenen Berufungs- und Lebensweges in eine neue Familie eintritt, die die alte in gewisser Weise ablöst, wie ich vorher gesagt habe. Beides bleibt aber im Christentum wichtig: die Entfaltung im Kontext der eigenen Familie wie auch das Übersteigen dieses Rahmens im Blick auf die neue Familie Gottes, die Kirche. Der entscheidende Punkt bleibt die Weitergabe des Glaubens. Das Glaubensleben erfährt in der Familie und in der großen Gemeinschaft, in der ich mich geborgen fühle, in der ich aufgewachsen bin, eine klare Stärkung. Man lernt darin Überzeugungen kennen, Lebenshaltungen, Ausrichtungen für das Leben. Und wenn man ehrlich ist: Die Mission der Kirche, die Evangelisierung ist im Wesentlichen über die Familie gegangen und war nicht auf Einzelpersonen ausgerichtet, sondern auf die ganze Familie, die sich dann auf den Weg des Glaubens begeben hat. Aber es kommt auch dieser andere Akzent hinzu: Du musst auch für dich selber stehen. Dieses Spannungsvolle ist wichtig und wird auch gesehen. Wir erleben es durchaus in der Geschichte, dass sich Menschen selber entscheiden müssen und nicht nur einfach mitgehen mit der Familie, sondern auch selber da stehen als Person, mit ihrer Überzeugung, auch wenn sich das manchmal mit der Herkunftsfamilie reiben kann. Das gehört durchaus zum Christentum und gerade in der Haltung *Jesu* wird das deutlich.

ZIERER: Das ist auch für die Erziehung ein zentraler Punkt: Es geht nicht nur darum, die Werte, die man in der Familie besitzt, weiterzugeben, sondern auch kritische Distanz dazu zu vermitteln. Selbst die Familie, in der man groß geworden ist, ist infrage zu stellen. Ich möchte noch einen Moment bei dieser klassischen Familienstruktur bleiben, bestehend aus Vater, Mutter und Kind, wie Sie es gesagt haben. Diese klassische Familie, die selbst ein konservativer Wert ist, geht langsam aber sicher verloren. Es treten neue familiäre Konstellationen hinzu, die aber auch alle funktionieren.

MARX: Das wissen wir noch nicht so à la longue. Vielleicht kann man das vermuten. Ich begründe die klassische Familie aus meiner theologischen Perspektive, vielleicht einmal sehr einfach, so: Gott hat sich etwas dabei gedacht, dass es Männer gibt und dass es Frauen gibt. Er fand das wunderbar, spannungsreich. Es gibt den Menschen in seiner Fülle nur, indem es Männer gibt und Frauen gibt, die aufeinander bezogen sind. So könnten wir, zumindest wenn wir theologisch an die Sache herangehen, die Schöpfung des Menschen deuten.

Dass das ein riesiges Forschungsprogramm ist, liegt auf der Hand: Was heißt Vatersein, Muttersein eigentlich auch aus wissenschaftlicher Sicht? Was hat das mit dem Geschlecht zu tun? Was bedeutet überhaupt das Geschlecht und die Geschlechtlichkeit? Das ist ein Riesenthema! Ich glaube nicht, dass wir da schon am Ende der Erkenntnisse sind. Insofern würde ich nicht einfach das wiederholen, was man in der Kirche immer gesagt hat. Aber ich würde es zunächst einmal als ein Faktum sehen, das uns in gewisser Weise auch bindet und herausfordert und nicht einfach aufgelöst werden kann, indem man sagt, Hauptsache es gibt Bezugspersonen und das Geschlecht ist im Grunde eine soziale Rolle, mehr nicht. Das scheint mir doch eine sehr starke Relativierung einer Wirklichkeit zu sein, die wir feststellen können und die da ist, durch die Schöpfung gegeben ist. Also: Ich mache hier ein Fragezeichen, ob das so austauschbar ist und diese „Schöpfungsbilder" eben des männlichen Vaters, der weiblichen Mutter nicht doch ein Faktum sind, das man zunächst einmal positiv annehmen sollte. Das ist natürlich ein heißer Punkt und darüber kann man sicherlich streiten.

ZIERER: Ich komme darauf gleich noch einmal zurück. Zuerst möchte ich kurz ansprechen, dass das Beziehungsgeflecht bestehend aus Vater, Mutter und Kind in der pädagogischen Anthropologie als Trias der Familienbeziehung bezeichnet wird. Das ist meines Erachtens interessant und wichtig, weil häufig und in der Regel von der Mutter-Kind-Beziehung gesprochen wird. Wenn man es jedoch genau nimmt, ist es eine Trias: Man hat eine Beziehung zwischen Vater und Mutter, die so oder so sein kann. Man hat eine Beziehung zwischen Vater und Kind, die so oder so sein kann. Und man hat eben noch die Beziehung zwischen Mutter und Kind, die so oder so sein kann. Dieses komplexe Geflecht spannt erst eine familiäre Beziehung auf und ist von Wechselwirkungen geprägt. Jede der drei Beziehungen nimmt Einfluss auf die anderen und somit auf das Gesamt der Familienbeziehung. Sie haben darauf hingewiesen, dass mit der damit zusammenhängenden Frage nach Geschlecht und Geschlechtlichkeit ein heißer Punkt angesprochen ist, über den man sicherlich streiten kann. *Papst Benedikt XVI.* hat vor kurzem gleichgeschlechtliche Lebensgemeinschaften kritisiert und ist dafür selbst in Kritik geraten. Aber, was für unsere Fragestellung bedeutsam ist: Auch gleichgeschlechtliche Lebensgemeinschaften können Kinder adoptieren.

MARX: Zwar ist es bei uns generell noch nicht möglich, dass gleichgeschlechtliche Paare gemeinsam ein nicht-leibliches Kind adoptieren können, in anderen Ländern aber schon. Zweifelsfrei muss man zunächst einmal sagen: Auch gleichgeschlechtliche Paare können sich mit großer Sorgfalt um Kinder kümmern. Es wäre ganz abwegig, zu sagen, dass hier keine liebende Sorge möglich wäre. Das ändert aber noch nichts an der Fragestellung, ob damit im Grunde die Aufgaben von Vater und Mutter völlig fungibel sind, grundsätzlich austauschbar sind. Somit würde man die Geschlechtlichkeit in einer Weise relativieren, die meinem Verständnis von der Schöpfung entgegensteht. Das ist, jedenfalls für mich als Theologe, eine große Aussage des Schöpfers: Es gibt Geschlechtlichkeit – auch diese Polarität, dieses Spannungsverhältnis von Mann und Frau. Das ist für mich ein Auftrag, das zu gestalten. Niemand kann fest vorhersagen, dass diese Konstellation von Mann und Frau immer so da ist. Wir haben ja auch früher schon andere Erziehungskonstellationen erlebt, wenn beispielsweise die Großeltern die Kinder erzogen haben oder wenn durch Schicksalsschläge andere Erziehungspersonen da waren, die oft großartige Beziehungen zu den Kindern aufgebaut haben. Generell kann man nicht sagen, dass es ganz unmöglich ist, dass auch homosexuelle Paare sich um Kinder in einer guten Weise kümmern können. Problematisch erscheint mir die Konsequenz, die man zieht, dass es eigentlich gleichgültig ist, ob es Väter und Mütter gibt, es braucht nur Beziehungspersonen. Das halte ich für eine überzogene Schlussfolgerung. Es ist, meine ich, eine Schlussfolgerung, die sich nicht zwingend aus dieser Erkenntnis ergibt.

ZIERER: Es gibt hierzu noch nicht allzu viele Studien. Aber die, die es gibt, legen nahe, was Sie andeuten: Auch gleichgeschlechtliche Lebenspartnerschaften können Kinder verantwortungsvoll erziehen. Was diese Studien empirisch nachweisen, ist, dass der Beziehungsfaktor, also die Nähe zu den Eltern, die zentrale Kategorie ist. Hinzukommt das kulturelle Kapital, das man im Anschluss an *Pierre Bourdieu* so bezeichnet und das die Bildung der Eltern, ihre Bildungsabschlüsse, die sie erworben haben, und den damit verbundenen sozioökonomischen Status umfasst.

MARX: Vielleicht ein Hinweis noch: Es ist ja doch erstaunlich, dass wir feststellen, wie sehr Kinder, wenn sie erwachsen werden, ihre natürlichen Eltern kennen lernen möchten, wenn sie sie nicht erlebt haben. Jedenfalls taucht bei vielen immer wieder diese Frage stark auf: Wer ist mein natürlicher Vater? Wer ist meine natürliche Mutter? Das sitzt im Menschen offenbar sehr stark drin, das können wir jedenfalls auch feststellen. Und deswegen ist noch nicht ausgemacht, was es bedeutet, wenn ein Kind seine eigenen Eltern, seine natürlichen Eltern überhaupt nicht kennt und ihm der Weg zu den natürlichen Eltern versperrt wird. Das kann womöglich Belastungen und Schädigungen zur Folge haben. Beeindruckend ist schon, welche Mühen manche auf sich nehmen, um die eigene Herkunft zu ergründen.

ZIERER: Wie steht das Christentum vor diesem Hintergrund zu den medienwirksamen Adoptionen von Hollywoodstars, die nach Afrika gehen und Kinder aufnehmen?

MARX: Grundsätzlich stehen wir der Adoption positiv gegenüber. Sie ist eine gut überlegte Hilfe für Kinder, die keine Eltern mehr haben. Das passiert ja leider immer wieder. Wir haben als Kirche auch Waisenhäuser unterhalten und tun das bis heute weltweit. Manche sehen das negativ, aber man darf das nicht nur mit der negativen Brille sehen und darauf fokussieren, was alles nicht gut gelaufen ist. Zunächst einmal war es eine Herausforderung zu allen Zeiten, sich um Kinder zu kümmern, die keine Eltern mehr hatten, weil die Eltern früh gestorben sind, die Frauensterblichkeit sehr hoch war, die Männer im Krieg geblieben sind und ähnliches. Man musste sich um diese Kinder kümmern. Und ein Weg ist die Adoption. Sie darf sicherlich nicht einfach zur Ausschmückung der eigenen Familie da sein und zu einem großen Event gemacht werden. Deswegen haben wir, denke ich, sehr gute Regeln und sehr gute Beratung, wenn jemand ein Kind adoptiert, gerade wenn es aus einem anderen Kulturkreis stammt. Das Adoptionsverfahren ist ja nicht einfach und für manche Paare ist auch das eine Belastung, weil es so aufwendig und langwierig ist. Aber ich finde, es hat schon etwas für sich, sehr gut zu überlegen und sehr gut zu begleiten, wenn eine existierende Familie ein Kind aus einem anderen Kulturkreis adoptieren will. Zweifelsfrei gibt es viele gelingende Beispiele, die zeigen, dass das gut funktionieren kann.

ZIERER: Noch einmal zurück auf die Schlüsselstelle der Familie für Bildung und Erziehung. Ich habe mit Interesse ein Zitat in Ihrem Buch „Das Kapital" gelesen, wo Sie die Pastoralkonstitution des *Zweiten Vatikanischen Konzils* „Gaudium et spes" zitieren. Dort heißt es: „Insbesondere in der Familie, sozusagen der Mutter und Hüterin dieser Erziehung, lernen die Kinder von Liebe umhegt leichter die wahre Ordnung der Wirklichkeit. Die erprobten Formen der menschlichen Kultur prägen sich gleichsam von selbst dem Geist der heranwachsenden Jugend ein." Das deckt sich, wie gesagt, mit aktuellen empirischen Studien. Sind Sie überrascht, dass sich das so deckt?

MARX: Eigentlich nicht. Natürlich hat das Konzil keine empirischen Studien gemacht. Das ist eher so eine Art natürliches Wissen, was sich über Jahrhunderte hin für die Kirche als plausibel herausgestellt hat. Es ist auch in sich vernünftig: Kinder sind „unvollständige" Wesen, wenn sie auf die Welt kommen. Sie brauchen mehr als alle anderen Lebewesen Pflege, Einführung, lernen über viele Jahre. Und insofern ist es sehr verständlich, dass die Einführung in die Welt, in das Erwachsenwerden, in die Werte, im Kreis der Familie erfolgen muss und erfolgen kann, wenn es gut läuft. Nicht immer läuft es gut, das wissen wir. Somit ist die Familie, wie das Konzil sie schildert, ein Idealbild, das nicht immer die Realität ist. Aber es ist doch häufiger die Realität, als manche Kritiker meinen.

ZIERER: Sie haben es angesprochen: Das Idealbild der Familie ist nicht immer die Realität. Man weiß beispielsweise, dass die meisten sexuellen Übergriffe in der Familie passieren. Spräche das dafür, Kinder frühzeitig aus Familien herauszunehmen?

MARX: Das ist eine sehr schwere Frage: Wie sorgt man staatlicherseits dafür, das Kindeswohl in den Mittelpunkt zu stellen? Das ist durchaus auch in der Linie der Kirche. Es gibt neuere geschichtliche Untersuchungen, die auch auf die Missbrauchsthematik eingehen – beispielsweise von *Hubertus Lutterbach*, einem Historiker, das Buch „Kinder und Christentum. Kulturgeschichtliche Perspektiven auf Schutz, Bildung und Partizipation von Kindern zwischen Antike und Gegenwart" (2010). Kirchliche Einrichtungen haben nicht immer das

Niveau gehalten, die Kinder in den Mittelpunkt zu stellen. Es ist schon etwas Erstaunliches, wie sehr die Pädagogik *Jesu* das Kind in den Mittelpunkt stellt. Das war in der antiken Welt, auch in der Welt des Alten Testamentes, durchaus nicht der Fall. Bei *Jesus* gibt es eine Hinwendung zum Kind. Diese sehr deutliche Orientierung am Kind wäre vorher undenkbar gewesen: „Da rief er ein Kind herbei, stellte es in ihre Mitte und sagte: … Wenn ihr nicht umkehrt und wie die Kinder werdet.“ (Mt 18, 2f.) Das Kind kommt in die Mitte. Allein diese Vorstellung war in der antiken Welt so nicht vorhanden, nicht akzeptabel. Insofern ist das Kindeswohl ein entscheidendes Motiv einer kirchlichen Verkündigung, eben auch des Evangeliums. Und deswegen ist es umso schrecklicher, wenn diese Orientierung in der konkreten Praxis vernachlässigt, ja Lügen gestraft wurde!

Wie und wo man in Familien eingreift, das ist eine schwierige Frage. Das muss man sicher im Einzelfall sehen. Auf jeden Fall darf es nicht heißen: Die Familie ist so sakrosankt, dass das Kindeswohl dahinter im Grunde genommen verschwindet. Die öffentliche Ordnung hat mit dafür zu sorgen, dass einem Kind keine Gewalt angetan wird, dass ein Kind nicht missbraucht wird. Wenn Hinweise dafür da sind, dass das Kindeswohl gefährdet ist, muss der Staat einschreiten.

ZIERER: Was ist für das Kind am besten? Wie muss die Familie zum Wohl des Kindes strukturiert sein? Das sind sicherlich die Schlüsselfragen, wenn es um Familie und Staat geht. Mein Eindruck ist, dass der Staat in letzter Zeit in vielerlei Hinsicht in die familiäre Struktur eingreift. Dazu möchte ich noch ein paar weitere Punkte mit Ihnen besprechen. Wie weit kann und darf der Staat gehen? Im Grundgesetz, Artikel 6, ist festgelegt, dass die Eltern die obersten Hüter, so nenne ich es mit meinen Worten, der Erziehung sind. Wörtlich heißt es in Absatz 2: „Pflege und Erziehung der Kinder sind das natürliche Recht der Eltern und die zuvörderst ihnen obliegende Pflicht. Über ihre Betätigung wacht die staatliche Gemeinschaft.“ Der Staat hat somit die Aufgabe, Familien zu unterstützen. Zu diesem Zweck hat er in der jüngsten Vergangenheit verschiedene Maßnahmen verabschiedet. Die eine ist zum Beispiel das Elterngeld, das eingeführt worden ist, um Familien auf der Basis einer finanziellen Absicherung die Möglichkeit zu geben, Kinder zu bekommen und Väter stärker in die Erziehung mit einzubinden. Wie sehen Sie diese Umsetzung, diese Möglichkeiten?

MARX: Es geht nicht zuerst um finanzielle Fragen, das ist ganz wichtig. Und die Intentionen des Staates sind auch unterschiedlich, das ist ein weiteres Problem. Man denkt häufig: Der Staat ist wertneutral. Das ist er aber nie! Er hat auch bestimmte Überzeugungen, die durch die Gesellschaft geprägt werden. Die können sich ändern. Nach zwanzig Jahren sieht man bestimmte Dinge anders, als man sie früher gesehen hat. Das ist der eine Punkt. Der andere Punkt ist, dass der Staat anerkennt, dass Familie ein Eigengewicht hat. Dies ist übrigens eine von der Katholischen Soziallehre sehr stark gemachte Position: Der Staat ist nicht alles. Der Staat hat nicht alles selbst in die Hand zu nehmen. Es gibt Orte, die ihr Eigenrecht haben, wo der Staat eine Grenze findet. Das ist ganz wichtig.

Das gilt auch für die Kirche, die ganze Entwicklung des Westens, dort, wo Freiheitsräume entstehen und respektiert werden, wo also staatliche Gewalt nicht ohne starke Begründung hineinwirken kann– eben in die Familie oder auch die Kirche. Deswegen sagt die Katholische Soziallehre: Staat und Familie sind natürliche Institutionen. Sie sind nicht „künstlich“ gemacht, sondern gehören zum Menschsein dazu. Auch der Staat, also das geordnete Gemeinwesen, um mit *Aristoteles* zu sprechen, ist ein der Natur des Menschen entsprechender Ort, wo der Mensch sich entfalten kann. Staat und Familie, und dann auch die Kirche sind die Grundorte, die ihr Eigengewicht haben. Für den Staat entsteht daraus die Aufgabe und Pflicht, den familiären Raum zu schützen und als eigenen Raum anzuerkennen. Schließlich muss er alles tun, damit dieser Raum auch wirklich leben kann, damit er nicht utilitaristisch verzweckt werden kann für Wirtschaft und Gesellschaft, sondern sein Eigengewicht behält. Dazu sind finanzielle Maßnahmen erforderlich, so dass man sagen kann, jemand, der in die Familie Zeit investiert, als Mann oder Frau, dem darf das finanziell nicht so schaden, dass er im Grunde genommen gegenüber jemandem, der das nicht tut, in eine schwierige, negative, verlustreiche Position kommt. Wie man das macht, da gibt es ja wirklich die unterschiedlichsten Maßnahmen. Das zeigt ein Vergleich der Länder im Blick auf die Familienpolitik. Dazu zählt beispielsweise auch die Frage, ob man Familienzeiten für die Rente anrechnet. Das halte ich für eine sehr wichtige Sache! Wenn junge Leute sich entscheiden, mehr Zeit in der Familie zu verbringen, dann wäre es ein guter Impuls zu wissen, dass diese Zeit auch in der Rente später angerechnet wird, dass es keine verlorene Zeit ist. Das ist vielleicht viel wichtiger als einzelne finanzielle Maßnahmen.

Das Elterngeld hatte verschiedene Motive. Ein Motiv war zum Beispiel die demografische Situation zu verbessern, was immer schwierig zu erreichen ist. Eltern entscheiden sich nicht wegen des Geldes für Kinder! Zudem war das Elterngeld sehr stark ausgerichtet auf die, die schon etwas haben, das heißt, wo beide berufstätig sind. In diesem Sinn ging es, wenn Sie sich an die Diskussion erinnern, um Akademikerpaare, die ermutigt werden sollten, Kinder zu bekommen. Das ist nicht gelungen, wie wir wissen, das hat nicht funktioniert. Trotzdem kann man sagen, dass die Maßnahmen finanzieller Art deutlich machen können: Wenn man sich für die Familie entscheidet, dann soll das im Grunde nicht verhindern, dass Frau oder Mann, meistens sind es die Frauen, wieder in eine angemessene Weise in den Beruf einsteigen kann, und auch soll es nicht so sein, dass dafür auf erheblich finanzielle Mittel verzichtet werden muss. Aber ich würde mich jetzt nicht auf einzelne Maßnahmen einlassen. Es ist die Frage, was man will. Die Familie muss unterstützt werden. Es gibt einen schönen Satz des Soziologen *Franz-Xaver Kaufmann*, den ich von einer Tagung vor vielen Jahren in Erinnerung behalten habe: „Der Familie muss geholfen werden. Aber es ist schwer, ihr zu helfen." Und immer wieder kommen neue Maßnahmen, die die alten Probleme lösen sollen. Ein entscheidender Punkt wird sicher sein, die Vereinbarkeit von Beruf und Familie herzustellen. Denn im Grunde geht es darum, ob wir vor der Dominanz der wirtschaftlichen Interessen kapitulieren und alle anderen Bereiche dem unterordnen oder ob wir zum Beispiel dem Lebensraum Familie eine wirkliche Priorität einräumen und ihn durch politische Maßnahmen entsprechend ausstatten und sichern.

Wir werden wohl nicht wieder in die Situation kommen, dass in den meisten Familien ein Elternteil ganz auf die berufliche Arbeit verzichtet. Für einige Familien wird das ein Modell bleiben, aber wohl nicht für die Mehrzahl. Deshalb braucht man eine Vereinbarkeit von Beruf und Familie. Wie man das organisiert, finanziell oder auch von anderen Rahmenbedingungen her, das ist die Frage und das bedeutet eben auch, ein starkes Angebot an frühkindlicher Erziehung oder Bildung bereitzustellen. Man braucht Institutionen, beispielsweise Kindertageseinrichtungen, in denen Kinder frühzeitig untergebracht werden können. Jedenfalls sieht man in Frankreich und in Skandinavien, obwohl ich jetzt nicht so monokausal eine Maßnahme hervorheben möchte, das wäre zu kurz gesprungen, aber man sieht in diesen Ländern, dass die demografische Situation durch ein sehr umfassendes und weit reichendes Programm zur Unterstützung der Familie beeinflussbar ist, und der Wille, eine Familie zu gründen und Kinder zu haben, dort größer ist. Das stelle ich zunächst fest, obschon die Kausalitäten sicher nicht ganz einfach wissenschaftlich zu beweisen sind.

ZIERER: In der Diskussion wird die Vereinbarkeit von Beruf und Familie oft dargestellt, als sei sie ein Nullsummenspiel, das aufgehen kann. Ich stelle provokant die These in den Raum, dass das eigentlich nicht funktionieren kann. Der Mensch ist an die Zeitdimension gebunden. Ich kann mich nicht halbieren. Ich bin entweder im Beruf oder in der Familie und je mehr Zeit ich im Beruf bin, desto weniger Zeit bin ich in der Familie.

MARX: Ja. Da ist auch etwas dran. Die Utopie zu meinen, alle können alles haben, sie können im Beruf engagiert und karrieremäßig ganz oben sein, sie können also viel Geld verdienen, Männer und Frauen, und noch dazu Familie haben und alles läuft wunderbar zusammen, das halte ich für eine Illusion. Es gibt sicher auch das Element des Verzichtes. Es geht also auch um das bewusste Setzen von Prioritäten im Sinne von: Wie definiere ich meinen Wohlstand? Nur materiell oder auch vom Wert einer gut miteinander lebenden Familie her? Also geht es auch um Verzicht, ja. Ohne das wird es keine Zukunft für die Familie geben. Dann muss man beispielsweise einbringen, was die Familie für ein Schatz ist, eine positive Herausforderung für den Menschen, Vater zu sein und Mutter zu sein. Ich muss immer wieder sagen: Wenn ich Jugendliche erlebe, früher zum Beispiel in meinen Jugendgruppen, die dann Väter geworden sind oder Mütter geworden sind, was sich dort verändert in einem Menschen, was es bedeutet, eine Familie zu gründen, mit all den Belastungen, die auch da sind, aber auch mit der großen Freude, mit der großen Intensität der Beziehungen, das Heranwachsen von Kindern zu sehen: Das ist ein Schatz, den kann man nie bezahlen. Ich bin Ihrer Meinung: Man kann die Zeit nur einmal verteilen. Allerdings sagen uns auch Untersuchungen, dass es drauf ankommt, wie die Zeit verbracht wird. Also: Das eine ist die Menge der Zeit, das andere die Intensität und Authentizität der gemeinsamen Zeit. Wie kümmere ich mich um die Kinder? Was tue ich mit den Kindern, wenn die Zeit da ist? Wird dann wirklich mit den Kindern auch gelebt? Das, glaube ich, gehört mit dazu, die Qualität der Zeit und die Quantität der Zeit. Und beides kann man in ein Beziehungsverhältnis stellen. Die Quantität alleine macht es nicht aus.

ZIERER: Ich hake an dieser Stelle ein, wieder etwas provokant mit Blick auf die Erziehungssituation, wie sie sich aktuell darstellt: Wir leben mittlerweile in einem Bildungssystem, dass ich ausgesprochen verstaatlicht sehe. Es gibt eine Tendenz, die dahin geht, die Kinder möglichst früh in staatliche Bildungseinrichtungen zu geben, wie beispielsweise Kindertageseinrichtungen, Kindergarten und Ganztagsschule, mit der Folge – und das jetzt wirklich provokant formuliert –, dass Vater und Mutter dazu da sind, die Kinder von A nach B zu befördern und in die Bildungsinstitutionen zu bringen. Gleichzeitig wird damit aber die Verantwortung für Bildung und Erziehung abgegeben.

MARX: Ja. Das ist mir aufgefallen in den letzten Jahren, schon als ich noch Weihbischof war. Damals gab es noch die heftigen Debatten, dass man unter Dreijährige auf keinen Fall in den Kindergarten bringen könne. Die Erzieherinnen haben dagegen protestiert. Ich habe bei Gemeindebesuchen die Demonstrationen und auch die Plakate gesehen: „Wir sind dafür nicht qualifiziert." oder „Wir brauchen mehr Stellen." So ähnlich konnte man lesen, was aber auch stimmt. Man muss mit unter Dreijährigen anders arbeiten. Wir hatten damals die Devise: Wir machen es dennoch, weil es gar nicht anders geht. Alleinerziehende brauchen Hilfe. Jetzt hat sich das gedreht genau in Ihrem Sinn, dass man sagt: „Ich enthalte meinen Kindern etwas vor, wenn ich sie nicht frühzeitig in eine Bildungseinrichtung gebe." Und da steht natürlich die Sache auf dem Kopf. So zeigt sich die Diskussion für mich seit einigen Jahren ganz neu. Und sie wird immer intensiver. Es werden also auch Kinder in die Kindertageseinrichtung geschickt, wenn es gar nicht nötig wäre. Und da muss man, glaube ich, schon diskutieren. Aber das gebe ich an die Pädagogik auch zurück und möchte die Stimme der Pädagogik hören. Aber da verkriechen sich auch einige in den Büschen und sagen nicht, dass es eigentlich nicht so gut ist. Übrigens habe ich das auch bei der Ganztagsschuldebatte festgestellt. Ich kann mich gut erinnern an ein Gespräch, das wir damals in Rheinland-Pfalz mit dem Landeskabinett hatten, bei dem es auch um die Ganztagsschule ging. Bei diesem Treffen von Bischöfen und dem Landeskabinett von Rheinland-Pfalz habe ich in die Runde gefragt: „Jetzt frage ich Sie, meine Herren und Damen

Minister, einmal ganz ehrlich, aber jeder soll bitte ehrlich seine Meinung sagen: Wären Sie in Ihrer Kindheit gerne den ganzen Tag in der Schule gewesen?“ Da haben alle geschmunzelt und haben gesagt: „Eigentlich nicht.“ Ich sagte: „Ich auch nicht! Ich war kein schlechter Schüler und bin gern zur Schule gegangen. Aber ich bin auch sehr gerne nach Hause gegangen und habe mein Mittagessen zu Hause eingenommen bei meiner Mutter.“ Meine Mutter war zuhause und mein Bruder meistens auch, wie das gerade passte. Aber jedenfalls war ich zu Hause und das war mir sehr angenehm, muss ich sagen. Wenn man von den Kindern ausgeht, glaube ich, dann kann man nicht einfach sagen, dass das im Interesse der Kinder ist, einen ganzen Tag in der Schule zu verbringen. Vielleicht geht es nicht anders, mag sein, unsere Lebenswelt hat sich verändert. Aber man soll das jetzt nicht umdrehen und sagen: Die Beste von allen Möglichkeiten ist, wenn die Kinder den ganzen Tag in der Schule sind und wenn sie möglichst im ersten Lebensjahr schon in eine Kinderkrippe kommen. Das halte ich nun wirklich für eine Verkehrung der Erkenntnisse, insbesondere derer, die wir in der Pädagogik haben. Da wünsche ich nun doch, dass die pädagogische Diskussion intensiver wäre.

ZIERER: Das ist mit Sicherheit richtig, was Sie sagen. Ich möchte mit Ihnen eruieren, warum das so ist. Sie haben vorhin darauf aufmerksam gemacht, dass der Staat die Aufgabe hat, für die natürliche Institution der Familie Raum zu schaffen. Damit verbinden sich gewisse Wertungen des Staates. Und mir scheint es aktuell so zu sein, dass die Bemühungen und Maßnahmen typisch für „diktatorische“ Systeme sind. In diesen wird versucht, möglichst frühzeitig die Mitglieder einer Gesellschaft in eine bestimmte Richtung zu bringen, und das kann man nur schaffen, wenn man sie möglichst frühzeitig in ein Bildungssystem bringt.

MARX: Ja, das ist ja die „Lufthoheit über den Kinderbetten“, wie das einmal in einer Äußerung von Parteien hieß. Ich sehe hier eine grundsätzliche Gefährdung. Das hat vielleicht weniger mit einer Diktatur zu tun, als vielmehr mit einer gewissen ideologischen Vorstellung von Gesellschaft als homogene Menge. Damit sind wir erneut beim Thema „Wertehorizont“, der sich evolutiv entwickelt und dem ich mich anpassen muss. Also: Das Anpassungsschema steckt dahinter. Nicht das Selberdenken, Selberentscheiden ist intendiert, sondern Kinder möglichst frühzeitig in die Gesellschaft zu integrieren. Das ist auch so ein Schlüsselwort unserer Zeit, auch ein sehr schwieriges Wort: Integration. Wohin? Einige definieren Integration dann so, dass, wenn man angepasst ist an das Wirtschaftssystem und an das, was die Gesellschaft hier und heute denkt, man dann gut integriert ist. Also, Vorsicht damit! Dieser Anpassungsgedanke steckt auch dahinter. Hinzu kommt gleichzeitig der Druck aus der Wirtschaft oder auch aus dem eigenen Selbstverständnis, zu sagen, ich muss berufstätig sein. Und schon versuche ich Begründungen zu finden, warum es ganz gut wäre, die Kinder möglichst früh in Einrichtungen zu geben. Diese Tendenz gibt es auch. Ich habe vor einiger Zeit in der Süddeutschen Zeitung von dem Pädagogen *Jesper Juul* gelesen, der sinngemäß für mehr Gelassenheit warb und sagte: Jetzt lasst das einmal alles beiseite und schaut, was dem Kind dient. Und da können wir als Pädagogen sagen, dass es im ersten Jahr oder im zweiten Jahr nicht der beste Weg ist, wenn Kinder frühzeitig in Bildungsinstitutionen untergebracht sind. Und das wollen wir doch bitte einmal zur Kenntnis nehmen!

ZIERER: Empirisch lässt sich dies gut erhärten: Es gibt mittlerweile eine Reihe von Langzeitstudien, die dies nachweisen – auch wenn Verfechter einer institutionalisierten Elementarpädagogik das gern anders sehen wollen und auch trotzdem und weiterhin tun.

MARX: Eine zweite Gefahr ist, wenn Eltern auf die Erziehung ihrer Kinder verzichten – das ist nicht gut. Die Erziehung übernehmen dann die anderen Erzieher, das Fernsehen, der Freundeskreis oder eben die Gesellschaft, was immer das sein mag. Häufig wird diese Erziehung dominiert von dem, was sich gerade aufdrängt als Mainstream, oder von dem, was man cool findet oder gut findet. Wenn die Eltern auf die Erziehung verzichten, haben sie geistig kapituliert. Und das ist tatsächlich schleichend in den letzten Jahren stärker geworden ist. Das höre ich von Lehrkräften, das höre ich von Erzieherinnen und Erziehern. Probleme werden immer auf die Fachleute abgewälzt. Lehrkräfte sind Fachleute für die schulische Erziehung, Erzieherinnen und Erzieher sind Fachleute für die vorschulische Erziehung. Aber: Die ersten und wichtigsten Fachleute für die Erziehung sind die Eltern. Sie werden jedoch verunsichert durch Publikationen, durch Diskussionen, durch Talkshows. Sie sehen sich das an und sagen: Mache ich das richtig? Wie soll ich mit meinem Kind umgehen? Sie haben zum Teil selber keine festen inneren

Wertüberzeugungen. Dieser Verzicht auf die Erziehung kommt aus einer großen Unsicherheit heraus – nicht nur von einer ideologischen Richtung her oder im Sinne des Anpassungsschemas, das gibt es durchaus, sondern auch aus einer großen Verunsicherung, was eigentlich Erziehung sein könnte. Soll ich streng sein? Soll ich nicht streng sein? Was bedeutet Konsequenz in der Erziehung? Wie gehe ich damit um, dass ein Kind auch einmal unzufrieden und unglücklich ist? Darf ich das zulassen? Und so weiter. Hinzukommt, dass die Erziehungsstile der letzten Jahrzehnte, die durchexerziert worden sind, die Eltern unsicher machen.

ZIERER: Auch das ist ein Ergebnis, das man empirisch nachweisen kann: Die Verunsicherung der Eltern, nicht zu wissen, wohin die Gesellschaft sich entwickelt, nicht zu wissen, worauf man die eigenen Kinder vorbereiten soll. Zudem ist die Sorge in diesem Kontext zu nennen, ob die eigenen Kompetenzen ausreichen, um der Aufgabe des Vater- oder Mutterseins überhaupt gewachsen zu sein. Ein zweites Ergebnis, das man ebenfalls empirisch nachweisen kann, ist, dass es für das Wohl des Kindes per se nicht besser ist, wenn man es frühzeitig aus der Hand gibt. Allein der Weg in die Kindertageseinrichtung macht Erziehung und Bildung nicht erfolgreich, weil die Bindung zu den Eltern das ist, was in allen Bildungseinrichtungen der wichtigste Faktor ist, der sogar ein Leben lang prägt und auch im höheren Alter, also im Erwachsenenalter, noch den größten Einfluss hat auf den weiteren Werdegang. Insofern ist diese elterliche, familiäre Basis besonders wichtig. Ich möchte noch einen weiteren Grund andenken, warum die Entwicklung trotz aller Einwände doch so ist, wie sie ist. Stichwort: Chancengleichheit, Bildungsgerechtigkeit. Ich denke, dass man angesichts der aktuellen Betonung von Kindertageseinrichtung und Ganztagsschule geneigt sein könnte zu folgern, dass der Staat bewusst versucht, alle familiären und auch alle anderen personenbezogenen Einflüsse dadurch zu egalisieren, alle Kinder möglichst frühzeitig zusammenzubringen – um nach dem Motto zu agieren: Alle Einflüsse, insbesondere die, die den Einzelnen fördern können, wegzunehmen und somit allen die gleichen Chancen zu geben. Provokant gefragt: Will der Staat durch diese frühzeitige Bindung der Kinder an Institutionen, alle möglichen familiären Einflüsse, die natürlich positiv und negativ sein können, egalisieren? Die Folge wäre, am Beispiel der Ganztagsschule verdeutlicht, dass das, was für ein Kind aus einem schlechten sozio-ökonomischen Status oder familiären Umfeld von Vorteil wäre, für ein Kind aus einem positiven Familienumfeld ein Nachteil sein könnte.

MARX: Daran erkennt man die Problematik einer offenen Gesellschaft, die sehr differenziert ist, wo also nicht geschlossene Milieus da sind und wo eben in gewisser Weise, würde ich jetzt sagen, das positive, aufklärerische Pathos da ist: Alle sollen die gleiche Chance bekommen. Das ist ein emanzipatorisches Pathos, das in sich nicht schlecht ist. Alle sollen die gleiche Chance bekommen – natürlich auch aus dem Gedanken heraus, dass es für alle von Nutzen ist, wenn alle ihre Möglichkeiten auch wirklich ausschöpfen können. Und wir stellen fest: Die Bildungsrevolution, die in den 1960er Jahren ausgerufen wurde, ist so nicht gelungen. Trotz aller Bemühungen bleibt die sozio-ökonomische Herkunft sehr entscheidend. Dieses grundsätzliche Ziel zu sagen, alle sollen eine Chance bekommen und diese Chance soll auch die schlechteren Ausgangsbedingungen ausgleichen, die einige haben, das halte ich weiterhin für ein gutes Ziel. Ich glaube nicht, dass das ein Widerspruch sein muss dazu, dass dann auch die Chancen derer, die besonders gute Voraussetzungen haben, geschmälert werden. Eine Egalisierung im dem Sinn, dass wir uns auf ein Mittelmaß zu bewegen, wäre sicher nicht gut. Das wäre nicht zu akzeptieren. Die Idee, dass alle gleich begabt sind, ist ebenfalls von der Hand zu weisen – das ist auch nicht richtig. Somit gibt es eigentlich nur die Möglichkeit, den Raum weit zu öffnen und denen, die es vom Ausgangspunkt her schwerer haben, zu helfen und gleichzeitig denen, die es vom Ausgangspunkt her leichter haben, alle Möglichkeiten zu eröffnen. Letztendlich bleibt eine gewisse Spannung, glaube ich. Das grundsätzliche Ziel, dass alle eine Chance bekommen, halte ich für ein gutes, auch ein christliches Ziel. Der Staat kann und muss im Grunde genommen nur sein Bildungssystem so organisieren, dass er allen die Möglichkeit gibt. Aber – jetzt kommt das Aber hinzu: Dies kann nur erreicht werden mit den Eltern! Es funktioniert nicht gegen die Eltern! Deswegen ist ein ganz wichtiger Punkt für die Zukunft, insbesondere für die Entwicklung der Schulen, der Kindertageseinrichtungen: Wie arbeiten diese Institutionen mit den Eltern zusammen? Wie können die Eltern in diesen Einrichtungen mitwirken? Der Staat übernimmt die Erziehung und Bildung und die Eltern bleiben außen vor – das wäre, glaube ich, keine gute Entwicklung.

ZIERER: Ich denke auch: Wenn es um das Wohl des Kindes geht, und das tut es ja in der Pädagogik, dann kann eine Kindertageseinrichtung, ein Kindergarten, eine Schule das Wohl des Kindes nur erreichen oder bestmöglich fördern, wenn das familiäre Umfeld mit in den Blick genommen wird, ja mehr noch: aufgenommen wird in die institutionalisierte Erziehung.

MARX: Insofern müsste man Anstrengungen dazu verstärkt unternehmen. Da wird auch, Gott sei Dank, viel gemacht. Ich habe das bei Besuchen in Kindertageseinrichtungen auch erlebt. Es werden viel mehr Veranstaltungen zusammen mit den Eltern gemacht als es früher der Fall war. Beispielsweise gab und gibt es in Einzelfällen bereits eine enge Zusammenarbeit von unseren Familienberatungsstellen mit Kindertageseinrichtungen – etwa indem Familienberatungsstellen in den Räumen der Kindertageseinrichtungen auch über Erziehung, Bildung und familiäre Situationen beraten. Und das Interesse der Eltern ist durchaus groß, etwas darüber zu erfahren. Eine engere Zusammenarbeit zwischen dem Elternhaus und diesen Einrichtungen wäre notwendig. Und das entspricht dem, was man auch für die Zukunft machen kann. Wenn man an diesen Entwicklungen, die wir besprochen haben, radikal nichts ändern kann und will, dann werden wir ein großes Gewicht der Institutionen haben. Wenn das dazu führt, dass die Bedeutung und der Einfluss der Eltern und der Familie immer weiter zurückgeht und die Institutionen praktisch diese Rolle übernehmen beziehungsweise zu übernehmen versuchen, dann wäre das eine verheerende Entwicklung. Man kann die Familie nicht ersetzen. Keine Schule und keine Kindertageseinrichtung kann die Familie ersetzen.

ZIERER: Ich muss in diesem Zusammenhang immer schmunzeln, wenn manche Politiker damit Wahlkampf machen. Im Frühjahr 2012 hat in Nordrhein-Westfalen *Hannelore Kraft* im Wahlkampf mehrfach geäußert: „Bildung muss in der Kita beginnen."

MARX: Naja, Bildung beginnt im Mutterleib! Dann lieber so formulieren. Wenn ich jetzt meine eigene Biografie anschaue, beispielsweise meine bischöflichen Zeiten, dann ist das schon ein durchgängiges Thema: als Weihbischof in Paderborn hatte ich viel mit Kindergarten zu tun, dann als Bischof in Trier war ich stark beschäftigt mit einer Reihe von Fragen zu Kindertageseinrichtungen und hier im Erzbistum München und Freising beschäftigen wir uns auch intensiv mit diesen Fragen. Für mich war dabei zunächst einmal der Gedanke leitend: Wir wollen die Kindergärten nicht zu Vorschulen machen. In Trier war für mich auch der Blick nach Frankreich wichtig, wo es ja „Vorschulen" gibt. Also: Wozu gehört der Kindergarten strukturell? Gehört er zum caritativen Bereich? Dann wäre er der Caritas zugeordnet. Oder gehört er zum pastoralen Bereich? Dann wäre er den Pfarreien zugeordnet. Oder gehört er zum Bildungsbereich? Das ist nicht so einfach zu beantworten. Der normale kirchliche Kindergarten ist nach meiner Überzeugung der Pfarrei zugeordnet, das ist dann aber eine pastorale Aufgabe, die Weitergabe des Glaubens und so weiter. Somit besteht eine enge Verbindung von Pfarrei und Kindergarten. Jetzt ist die Diskussion weitergegangen, auch durch die Forschung zur frühkindlichen Pädagogik, und die sagt: „Nein, es ist eigentlich frühkindliche Bildung und Erziehung." Im Erzbistum München und Freising haben wir mittlerweile die Entscheidung gefällt, dass wir den ganzen Bereich der Bildung zusammenfassen, dass wir also vom Kindergarten bis zur Seniorenbildung ein Ressort bilden, das zwar verschiedene Aspekte beinhaltet, aber doch insgesamt unter Bildung zu fassen ist. Ich habe mich in dieser Frage in den letzten Jahren also auch weiterentwickelt und meine: Der Kindergarten hat eine pastorale und eine Bildungsaufgabe. Das müssen wir neu miteinander verbinden, inhaltlich und strukturell. Das Bildungsthema ist der übergeordnete Begriff.

ZIERER: Heute schon.

MARX: Es ist also der Gesamtbereich der Pädagogik. Das heißt, der Erziehung und Bildung von Kindern, Jugendlichen, Erwachsenen und Älteren. Aber Erziehung und Bildung beginnt eben nicht im Kindergarten. Wir als Kirche beginnen institutionell mit unseren Einrichtungen vielleicht da, aber Erziehung und Bildung beginnt in der Familie. Wir sehen Kindertageseinrichtungen heute eher als Bildungseinrichtungen. Das war vor zwanzig Jahren noch nicht der Fall.

ZIERER: Das ist richtig. Vor allem den Bereich der Elementarpädagogik hat es vor zwanzig Jahren noch nicht gegeben. Der ist stark im Kommen, besonders an Universitäten, wo viele Lehrstühle dafür eingerichtet werden, Professuren dafür ausgeschrieben werden. Ähnlich verhält es sich mit dem Quartärbereich, der Bildung Älterer. Ich möchte noch einmal einen Punkt ansprechen, den Sie schon angerissen haben: Im Kontext von Chancengleichheit und Bildungsgerechtigkeit, insbesondere in einer familiären Konstellation mit Kindertageseinrichtung und Kindergarten, sei wichtig, dass alle das Gleiche bekommen sollten und alle die gleiche Chance erhalten sollten. Ich möchte dazu einen Gedanken von *Andreas Flitner*, Tübinger Erziehungswissenschaftler, vorstellen, der die Frage der Bildungsgerechtigkeit differenziert betrachtet und zwei Begrifflichkeiten gegenüberstellt: Auf der einen Seite die egalisierende Gerechtigkeit, allen das Gleiche zu geben, wie Sie es auch formuliert haben, und auf der anderen Seite die unterscheidende Gerechtigkeit, jedem das Seine zu geben, also jeder bekommt die Förderung, die er braucht. Wo würden Sie sich, vor dem Hintergrund dieser Unterscheidung, zuordnen? Oder anders gefragt: Würden Sie diese Unterscheidung überhaupt teilen und wenn ja, welche Konsequenzen hätte das dann?

MARX: Ob man das so gegeneinander stellen kann? Grundsätzlich gilt: suum cuique. Das ist das Prinzip der Gerechtigkeit: Jedem das Seine, nicht jedem das Gleiche. Die klassische Formel der Gerechtigkeit ist: suum cuique. Jedem das Seine, weil nicht jeder gleich ist. Aber Chancengleichheit oder Chancengerechtigkeit ist etwas anderes. Damit ist gemeint: Jeder bekommt eine Chance, aber jeder nutzt sie anders, weil er unterschiedliche Gaben und Voraussetzungen hat. Aber zum Beispiel die Chance, zur Schule zu gehen, darf ich keinem verwehren. Und das ist der Punkt, den ich meine. Grundsätzlich aber ist mein Standpunkt: suum cuique. Man kann nicht einfach alle gleichbehandeln. Beispielsweise gebe ich dir die Ressourcen, die Möglichkeiten und helfe dir, wo du sprachliche Hürden hast, die aus dem Familienleben resultieren, weil die Familie aus einem anderen Kulturkreis kommt. Dann muss ich hier anderes tun, als bei jemandem, der eine andere Voraussetzung mitbringt. Aber damit jemand das wahrnehmen kann, braucht er die Chance, überhaupt lesen zu lernen, verstehen zu lernen, seinen Platz in der Schule zu haben. Überlegen Sie einmal, wie viele Menschen auf der Welt, wie viele Kinder auf der Welt nicht einmal Zugang zum Lesen, zur Bildung haben! Es ist eine Grundfrage der Gerechtigkeit, den Zugang dazu für alle Menschen zu eröffnen.

ZIERER: Ich würde an der Stelle nochmals ein bisschen zurückspringen in den familiären Bereich. Sie haben vorhin angesprochen, dass es nicht die pekuniäre Motivation sein darf, um zu sagen, jetzt gründet man eine Familie und bekommt Kinder. Dennoch ist aber diese Frage aktuell ein Punkt, der ganz stark in der Diskussion steht. Sehr abwertend wird von der Herdprämie gesprochen. Gemeint ist das Betreuungsgeld und seine Relation zu den Kosten eines Kita-Platzes. Sie haben im Gespräch zum Thema Schule und Schulentwicklung im Hinblick auf Elitenförderung und die Förderung von den Schwächeren von einem Summenspiel gesprochen. Ist die Diskussion um das Betreuungsgeld auch ein Summenspiel, das nicht aufgeht?

MARX: Ja, das ist eine politisch brisante Frage. Das Betreuungsgeld sollte ein politisch wichtiges Signal setzen im Sinne der Gerechtigkeit. Aber ich bin der Meinung, dass es auch noch bessere und wirksamere Instrumente gäbe, dieses Problem anzugehen. Das Problem ist einfach: Wie kann ich dafür sorgen, dass Zeit in Familie investiert wird? Kann ich dazu Anreize schaffen? Muss ich dazu Anreize schaffen? Was heißt in diesem Bereich Gerechtigkeit? Das ist die richtige Fragestellung. Es geht darum, dass Menschen sich entscheiden können, in der Familie die Erziehung ihrer Kinder wahrzunehmen. Die Intention müsste doch sein, gesellschaftlich die Erziehungsleistung von Familien anzuerkennen und Familien zu ermutigen, wirklich Zeit mit ihren Kindern zu verbringen, und nicht sofort auf die staatliche Seite zu gehen und zu sagen: Dafür gibt es einen garantierten Platz – demnächst für alle Zweijährigen.

ZIERER: Diesen Rechtsanspruch gibt es prinzipiell bereits für den Kindergarten: Kinder, die zum Stichtag drei Jahre sind, müssen einen Kindergartenplatz bekommen – so die Idee. Die Realität sieht anders aus: In München beispielsweise bekommt nicht jedes dreijährige Kind einen Platz und einklagbar ist der Rechtsanspruch auch nicht. Beim Kita-Platz soll das ja anders werden. Dennoch: Der Rechtsanspruch ist doch nicht das eigentliche Problem.

MARX: Ja, man müsste sich Gedanken machen, welche Qualität diese Erziehung haben muss, was es bedeutet, Zweijährige im Kindergarten zu haben. Es muss um das Wohl des Kindes gehen! Ein anderer Schlüssel, eine andere Qualifizierung, eine andere Art und Weise des Umgangs mit den Kindern, das sind die zentralen Aspekte und dazu muss man die Fachleute befragen. Und dann merkt man erst recht, dass eine entsprechend optimale Erziehung und Förderung offensichtlich gar nicht zu finanzieren ist. Also jetzt die Anreize zu schaffen und zu sagen, jeder bekommt einen Kindergartenplatz ab zwei Jahren garantiert, halte ich für ein Ziel, das gar nicht einholbar ist und das vielleicht auch das Falsche befördert. Das Betreuungsgeld soll der Kompromiss für diejenigen sein, die zu Hause bleiben, die das staatliche Angebot nicht in Anspruch nehmen. Ich weiß es nicht, aber vielleicht gehe ich jetzt etwas weit: Wenn man das Geld schon ausgeben will, dann sollte man es vielleicht doch in die frühkindliche Bildung stecken und die Einrichtungen qualitätsvoll verbessern. Und die Rahmenbedingungen müssen eben auch geschaffen werden, etwa die Anrechnung von Erziehungszeiten in der Rente. Es muss viel stärker deutlich werden: Die Zeit, die du in der Familie verbringst, ist keine verlorene Zeit, sondern sie wird dir als gesellschaftlich wichtig anerkannt.

ZIERER: Sie haben es angedeutet: Es müsste eine Familienförderung geben, die sich nicht nur an Geldaspekten orientiert.

MARX: Nicht nur, das ist richtig, obschon das Finanzielle wichtig ist. Wenn man große finanzielle Einschnitte erfährt dadurch, dass man Ja sagt zu Familie und Kindern, dann ist das auch nicht gerecht. *Franz-Xaver Kaufmann* hat die These der strukturellen Rücksichtslosigkeit der Gesellschaft gegenüber der Familie stark gemacht, und das stimmt sicher. Leider ist es in den letzten zwanzig, dreißig Jahren nicht viel besser geworden. Immer wieder kommen zwar neue Maßnahmen hinzu, etwa die Veränderung vom Erziehungsgeld hin zum Elterngeld, aber nicht so substanziell, dass das wirklich greifen würde, vor allem auch deshalb, weil den verschiedenen Maßnahmen unterschiedliche familienpolitische Ansätze zugrunde liegen.

Dazu gehört eben unter anderem ein vernünftiges, qualitätsvolles Angebot bei Kindertageseinrichtungen, eine Vereinbarkeit von Beruf und Familie, eine Wertschätzung in der Gesellschaft für Familie. Wenn etwa ein Elternteil zwei Jahre in der Familie bleibt, dann kann und darf es nicht sein, dass man seinen Beruf aufgeben muss und keinen Anschluss mehr findet. Diese Probleme kann ich durch das Betreuungsgeld nicht lösen. Da müssen andere Wege gefunden und andere Maßnahmen durchgeführt werden. Wir werden erleben, dass es für manche keine Rolle spielen wird, ob von staatlicher Seite her ausreichend Bildungseinrichtungen geschaffen werden oder nicht. Kindergärten werden dann privat organisiert und wir werden vielleicht neue Schichtenprobleme bekommen. Hier in München ist das schon der Fall, dass die, die es sich leisten können, ihre Kinder nicht mehr in öffentliche Kindergärten schicken. Die „Superkindergärten“ werden privat organisiert und es wird eine Menge Geld bezahlt. Die, die sich das nicht leisten können, fallen ab. Das gibt es bereits. Eine neue Spaltung der Gesellschaft ist möglicherweise die Folge, die die verschiedenen Ausgangssituationen der Kinder noch einmal verfestigt.

ZIERER: Wobei hinter dieser Entwicklung wieder der Glaube steht, den wir vorhin schon besprochen haben, dass Bildungsinstitutionen die beste Erziehung machen oder, noch radikaler formuliert, dass Bildung käuflich ist.

MARX: Ja, und dagegen muss man sicher vehement vorgehen. Es muss um eine Ergänzung gehen. Familienerziehung darf der Erziehung im Kindergarten nicht widersprechen und umgekehrt. Wenn die Kinder das spüren, dass hier im Grunde genommen zwei Welten sind: zu Hause wird gar nicht erzogen und in Bildungseinrichtungen wird das Fachliche gemacht, das wäre verheerend. Es muss folglich ein Miteinander werden. Die Institutionen ergänzen, was in der Familie getan wird. Leider ist dieses Beziehungsfeld nicht immer da, was aber in einer modernen, offenen Gesellschaft auch schwierig ist, weil es unterschiedliche Wertvorstellungen gibt. In München gibt es in einzelnen Stadtteilen Kindergärten, in denen mehrere Nationen zusammenkommen und damit eine hohe kulturelle Bandbreite gegeben ist. Das heißt, wir haben ganz unterschiedliche kulturelle Voraussetzungen und die Erzieherinnen sollen das alles ausgleichen. Sie sollen vom Zuckerfest bis zum Weihnachtsfest den Kindern etwas erklären können. Und deshalb ist es wichtig, dass sie etwa auch über ihren eigenen Glauben auskunftsfähig sind. Viele Eltern wissen nicht mehr so richtig, was das Weihnachtsfest bedeutet. Da kommt ein „Wirrwarr“ zustande, der vielleicht nicht so einfach lösbar ist, wie es sich manche Konservative wünschen. Die Pluralität ist real und herausfordernd. Aber das erfordert dann eben in der Pädagogik mehr Qualität und bei den Eltern mehr Bewusstsein. In einer differenzierten Gesellschaft brauche ich mehr Gespräch mit den Kindern. Ich muss mich mehr mit ihnen zusammensetzen und diskutieren, was wir uns anschauen im Fernsehen und was nicht, wie wir moderne Medien nutzen, wie wir zur Religion stehen und so weiter. In den Unübersichtlichkeiten unserer Zeit muss mehr Orientierungshilfe gegeben werden. Aber das geht eben nicht, indem man das ausschließlich an die Fachleute delegiert.

Im Grunde geht es darum, sich in einer offenen, pluralen Gesellschaft am Menschenbild einer verantwortlichen Freiheit zu orientieren, wie wir es in unserem Text „Chancen für alle“ skizziert haben: eine verantwortliche Freiheit. In meinen Augen ist das die Herausforderung für die moderne Pädagogik und zugleich mein Ziel für eine christlich inspirierte Pädagogik. Nicht zu sagen, wie schaffen wir die Freiheit und Differenziertheit der modernen Gesellschaft wieder ab, wie machen wir alles wieder übersichtlich und klar, sondern zu sagen, wie stärken wir Persönlichkeiten, dass sie in Unübersichtlichkeiten und Unterschiedlichkeiten vom Kindergarten an, wo sie bereits alle Kulturen und Religionen kennen lernen, eine eigene Position gewinnen können. Vor dieser Herausforderung haben, glaube ich, frühere Kulturen so nicht gestanden.

ZIERER: Das ist sicher richtig.

MARX: Das muss man sagen: Die Pädagogik ist schwieriger geworden.

ZIERER: Ja. Die Komplexität, Sie haben es mit dem Begriff der offenen Gesellschaft beschrieben, ist extrem gestiegen und führt zu Verunsicherungen. Diese Komplexität lässt sich nur fruchtbar machen, wenn die erzieherische Qualität auf Seiten der Institutionen gesteigert wird, aber auch die erzieherische Qualität auf Seiten der Familien und Eltern. Jetzt weiß ich aus eigener Erfahrung und als Vater von zwei Kindern, wie schwierig die Situation ist.

MARX: Sie haben es doch gelernt!

ZIERER: Eben nicht! Und das ist ein Punkt, den ich ansprechen möchte: das Vatersein oder das Muttersein. Nichts habe ich dazu gelernt. In keiner einzigen Bildungsinstitution, in der ich war, wurde ich auf diese Aufgabe vorbereitet. Gut, ich habe Erziehungswissenschaft studiert, war einige Jahre Grundschullehrer und habe dadurch sicherlich einiges mitbekommen. Aber ich weiß auch um die Diskrepanz zwischen Theorie und Praxis, die in diesem Fall extrem ist. Man kann Kinder bekommen, ohne den Hauch einer Vorstellung davon zu haben, was das für das eigene Leben bedeutet. Nun könnte man einwerfen, dass es früher, wenn man von früher sprechen will, anders, manche würden sogar sagen besser, war. Man ist in der Familie groß geworden, ist länger zu Hause gewesen, hat die ersten Kinder vielleicht zu Hause bekommen und die Großmutter hat einen unterstützt. Das ist heute nicht mehr der Fall.

MARX: Es gab keine besseren Zeiten. Man kann nicht sagen: Früher war das einfacher und besser. Es war anders, Sie haben es angesprochen. Denken Sie zum Beispiel an die Erziehungsstile: Es gab natürlich auch liebevolle Eltern. Aber, das behaupte ich, das Verhältnis der Eltern zu ihren Kindern ist heute bei den meisten emotionaler als es in früheren Generationen war.

ZIERER: Das glaube ich auch.

MARX: Wenn man vergleicht, dann muss man alles vergleichen. Meistens geht man von einigen Punkten aus, die man sieht. Nehmen wir Gewalttätigkeiten in der Familie: Ich habe nie Schläge bekommen und bin sehr liberal groß geworden. Es gab keine für mich wahrnehmbaren einengenden Vorschriften. Aber in den 1950er Jahren war es durchaus üblich, dass geschlagen wurde – in der Schule und zu Hause. Das war eher der Normalfall. Wenn man wirklich soziologisch argumentieren wollte, dann müsste man schon ins 18. Jahrhundert zurückblicken, wo die Familien durch die Arbeitswelt auseinandergerissen wurden, wo es zum ersten Mal die Trennung von Arbeitsplatz und Familie gab. Das war ein riesiger Einschnitt. Ein weiteres Beispiel: Nehmen Sie die Sterblichkeit in früheren Zeiten. Viele Kinder sind gestorben. Die Frauen hatten oft acht, neun Geburten, wovon zwei Kinder vielleicht überlebten – was das alles bedeutet hat! Also, ich will diese Epochen nicht grundsätzlich schlecht reden, aber zu meinen, früher hätten sich die Menschen irgendwie harmonischer entwickelt, halte ich für eine Fehldeutung. Man muss auch die andere Seite sehen. Beispielsweise die Erziehungsziele Gehorsam und Disziplin. Kinder durften nicht bei Tisch reden und so weiter. Nein, heute ist es diffus und schwierig, in der Unübersichtlichkeit eine Orientierung zu behalten. Früher war es für die Eltern klarer: Kirche, Schule und Familie haben alle an einem Strick gezogen. Wenn der Pfarrer beispielsweise dem Ministranten eine Ohrfeige gegeben hat, weil er das Messkännchen falsch gehalten hat, dann hat er zu Hause vom Vater noch einmal eine Ohrfeige bekommen. Das war die Situation und da kann ich doch nicht sagen, dass es irgendwie besser war. Diese Meinung kann ich nicht teilen.

ZIERER: Ja, da stimme ich Ihnen zu. Halten wir fest: Man muss die familiäre Situation differenziert betrachten. Es ist heute anders. Es ist heute diffuser, komplexer, wie Sie es angedeutet haben.

MARX: Ja. Schwieriger, herausfordernder.

ZIERER: An dieser Stelle, finde ich, muss man sich jedoch zumindest Gedanken machen: Wie kann ich die aktuelle Situation verbessern? Wie kann ich Eltern mehr fördern, mehr unterstützen? Es gibt zum Beispiel die Idee von Erziehungswissenschaftlern, einen Elternführerschein einzuführen.

MARX: Den Begriff halte ich für abwegig. Es muss ein Grundvertrauen da sein. Dieses Grundvertrauen meint, dass Menschen in der Lage sind, das Gute und das Böse auseinanderzuhalten, das Richtige vom Falschen zu unterscheiden. Dahinter steckt unser positives Menschenbild, vielleicht bei mir persönlich auch meine Mentalität, das halbvolle Glas zu sehen und nicht das halbleere. Das Leben ist nicht nur ein Problem, das belastet, sondern eine Herausforderung, die man positiv bewältigen kann. Gott mutet uns nicht mehr zu, als wir können. Manchmal denken wir, es geht an die Grenze. Aber in der Regel habe ich diese Hoffnung, dass das möglich ist, dass der Mensch in sich Kräfte hat, die es ihm ermöglichen, das Leben gut zu gestalten und durch neue Herausforderungen zu lernen. Auch Generationen lernen. Das merken wir beispielsweise daran, dass Väter heute eine ganz andere Art und Weise haben, mit ihren Kindern umzugehen, als das noch zu meiner Generation der Fall war. Ich glaube schon, dass mein Vater mit uns Kindern liebevoll umgehen konnte. Aber den Kinderwagen hätte er nie durch die Straßen geschoben. Selbst der Gedanke daran wäre ausgeschlossen gewesen. Da hat sich – gerade bei den Männern – etwas positiv entwickelt. Insofern glaube ich, dass in neuen Situationen die Kräfte im Menschen stark sind, zu lernen, und dass sich Eltern diesen Herausforderungen auch stellen wollen – das ist das Positive. Ich stelle zum Beispiel in den Berichten der Familienberatung sowie der Eheberatung fest, dass Männer, auch jüngere Männer, stärker Beratung erbitten. Auch das wäre vor wenigen Jahrzehnten so noch nicht denkbar gewesen. Die Scheu, zu sagen, ich muss mit jemandem darüber reden, weil es bei uns in der Familie nicht so gut läuft, wäre wahnsinnig hoch gewesen. Heute ist diese Schwelle niedriger. Das spricht einmal dafür, dass die Probleme da sind. Aber sehen Sie das auch positiv: Es spricht dafür, dass man weiß, dass man etwas lernen kann, dass man sich verändern kann, dass man das nicht einfach hinnehmen muss, dass man etwas tun kann. Und dafür brauche ich keinen Führerschein zu machen. Vielmehr, glaube ich, müssten wir, auch die Kirche, viel stärker den jungen Leuten, die auf dem Weg sind, eine Familie zu gründen, helfen in dem Sinn, dass man Angebote macht. Der Druck kommt eigentlich erst, wenn die Alltagsprobleme da sind. Wenn man sich liebt, auf dem Weg ist, dann denkt man nicht, wie es sein wird, wenn man Kinder hat. Wenn Kinder da sind, dann ist eine absolut neue Situation gegeben, auf die viele unvorbereitet sind.

ZIERER: Dann sind die Probleme da.

MARX: Dann schreit das Kind die ganze Nacht und man sagt: „Was mache ich jetzt? Das halte ich nicht mehr aus!“ Wahrscheinlich erschrickt man auch über sich selber und darüber was man sagt und denkt. Es ist ohne Frage ein Lernweg. Aber einen Führerschein zu machen, das halte ich nicht für richtig. Leider haben wir eher weniger Ehevorbereitungskurse, Familienvorbereitungskurse als noch vor Jahren. Insofern glaube ich, dass man schon noch einiges tun könnte in diesem Bereich. Aber es muss ein Angebot sein, das freiwillig angenommen werden kann, denn das kann man nicht erzwingen.

ZIERER: Ich möchte an der Stelle noch einmal nachfragen. Sie haben es angedeutet: In der Beratungssituation ist es meistens der Fall, dass das Problem schon da ist. Nun finde ich den Begriff Elternführerschein auch nicht passend und brauchbar, aber die Idee dahinter, finde ich als Pädagoge wichtig: Alle Menschen, Frauen und Männer, müssen in Bildungsinstitutionen so vorbereitet werden, dass sie zumindest die Grundlagen einer familiären Partnerschaft und einer Kindererziehung kennen.

MARX: Ja. Man könnte zum Beispiel Folgendes machen, was ich Pfarrern auch schon einmal vorgeschlagen habe: Eltern, die ein Kind zur Taufe bringen, könnten einmal im Jahr – vielleicht am Fest der Taufe *Jesu* – eingeladen werden. Es ist wichtig, den Kontakt zu den jungen Eltern zu halten. Genauso könnte die Vorbereitung auf die Hochzeit noch besser sein – leider haben wir nicht mehr so viele kirchliche Trauungen. Ein weiterer Punkt ist eben, dass ich nicht nur in der Krise ein Angebot mache, sondern zu allen Fragen allgemein. Was bedeutet religiöse Kindererziehung? Wenn ein Kindergarten ein solches Angebot macht, dann kommen auch viele Eltern. Sie sind also durchaus bereit, nicht nur in der Krise zu sagen, jetzt brauche ich Hilfe, sondern sie möchten auch etwas wissen, sie möchten Erfahrungen vermittelt bekommen oder Beispiele, wie man es machen kann. Ich glaube, dass wir in diesem Bereich noch nicht alles tun, was möglich ist. Gerade im kirchlichen Bereich müssten wir noch mehr tun. Ich würde, wenn ich Pfarrer wäre, seelsorglich einen starken Schwerpunkt auf die jungen Familien setzen – und zwar sowohl in der Vorbereitung auf Familie als auch in der Gestaltung des Familienlebens. Dort Orientierung anzubieten, das erscheint mir wichtig und geht weit über eine Krisenintervention hinaus.

ZIERER: Familie als Unterrichtsfach?

MARX: Ja, gut, warum nicht. Es gehört zur Bildung dazu, dass man sich Gedanken darüber macht, wie Familie aussieht, wie eine Partnerbeziehung gelebt wird. Jedenfalls reicht Sexualkunde nicht aus. Aufklärung bedeutet mehr. Da wäre das Thema Familie sehr wichtig. Allerdings kommt man bei dem Thema um Diskussionen etwa über das Wesen und den Wert der Geschlechtlichkeit nicht herum. Und da wäre sicher in unserer Zeit nicht alles konfliktfrei in einem Lehrplan unterzubringen.

Mich begleitet seit Jahrzehnten der Gedanke von *Erich Fromm*: Die größte aller Künste ist die Liebe! Und zwar in der ganzen Dimension dieses Wortes. Aber das, meinen wir, geht von selber. Eben nicht! Das war ja seine These: Wenn wir Klavier spielen wollen, wenn wir Sport treiben, dann wissen wir, dass wir das lernen und üben müssen. Aber beim Wichtigsten, der Liebe, und dazu gehört eben auch der Raum der Familie – der Raum zwischen Mann und Frau, aber auch zwischen Eltern und Kindern –, die der stärkste Ort der Liebe ist, soll sich das von alleine entwickeln. Da meinen wir, dass wir nichts lernen müssen und dass das ja bloß eine Sache des Gefühls sei. Diese Auffassung ist natürlich nicht nur unterkomplex, sondern einfach falsch.

Lehrerrolle und Lehrerprofessionalität

Die Einführung

Klaus Zierer

Das Interesse an der Bedeutung der Lehrkraft für den Erfolg von Bildungs- und Erziehungsprozessen scheint in den letzten Jahren zugenommen zu haben. Verfolgt man beispielsweise Pressemeldungen in Wochen- und Tageszeitungen, dann tauchen Beiträge, die sich mit der Rolle und der Professionalität von Lehrkräften befassen, immer häufiger auf. Auffallend ist dabei zudem, dass keineswegs Konsens herrscht, was den Verdienst der Lehrkräfte am unterrichtlichen Erfolg oder Misserfolg anbelangt. So wartete beispielsweise der *Münchner Merkur* über eine Imagestudie des *IfD* (Instituts für Demoskopie Allensbach) mit dem Titel „Lehrer sind besser als ihr Ruf" (27. März 2009) auf, während dazu am gleichen Tag die *Süddeutsche Zeitung* die Schlagzeile „Schlechte Noten für die Lehrer" veröffentlichte. Und *John Hattie* (2013), einer der derzeit renommiertesten Erziehungswissenschaftler weltweit, kommt in seinem epochemachenden Werk „Visible Learning" zu dem Ergebnis, dass etwa 30 Prozent des Bildungserfolges auf die Lehrkraft zurückgeführt werden können, und resümiert: „Teachers make a difference."

Mit Blick auf die Rolle und die Professionalität von Lehrkräften ist die verstärkte öffentliche Wahrnehmung und kontroverse Diskussion mitunter eine Folge der größeren Leistungsvergleichsstudien, wie sie seit ca. 15 Jahren durchgeführt werden. *PISA*, *PIRLS* und *TIMSS* sind wohl die Bekanntesten in diesem Kontext. Diese Entwicklungen führen unter anderem dazu, dass empirische Studien zur Rolle und Professionalität von Lehrkräften zunehmen und mittlerweile ein breiter Fundus an empirischen Erkenntnissen hierzu vorliegt. Diese lassen sich in internationalen und nationalen Handbüchern zur Lehrerforschung nachlesen und konzentrieren sich im Wesentlichen auf Fragen nach den Berufswahlmotiven, nach den biographischen Besonderheiten in Lehrerleben, nach der Wirksamkeit der Lehrerbildung, nach den zentralen Lehrerkompetenzen und nach den Belastungsmomenten des Lehrberufes.

Nichtsdestotrotz wurde die Frage nach der Rolle und der Professionalität von Lehrkräften nicht erst im letzten Jahrhundert entdeckt. Bereits in der Antike finden sich hierzu interessante Zugänge, die natürlich jenseits empirischer Methoden anzusiedeln sind. Zwei Beispiele seien genannt: *Quintilian* führt in seinem Hauptwerk „Institutio oratoria" eine Reihe von Eigenschaften an, die seiner Meinung nach unerlässlich für eine erfolgreiche Lehrkraft sind. Hierzu zählt er unter anderem Freundlichkeit, Ernsthaftigkeit, Ehrlichkeit und Offenheit. Und *Augustinus* geht in seinem Werk „De magistro" der Frage nach, ob man sich überhaupt als Lehrkraft bezeichnen darf und wie lernen vonstatten geht. Diese Tradition wurde in der Neuzeit von einer geisteswissenschaftlichen Pädagogik aufgegriffen und in verschiedenen Facetten fortgeführt. Zu nennen sind hier unter anderem *Johann Friedrich Herbart* mit dem „pädagogischen Takt", *Hermann Nohl* mit dem „pädagogischen Bezug" sowie *Eduard Spranger* mit dem „geborenen Erzieher". Als Höhepunkt dieser Traditionslinie kann der Begriff des „pädagogischen Eros" gesehen werden.

Nimmt man diese geisteswissenschaftlich gewonnenen Ergebnisse zu den angesprochenen empirischen Resultaten hinzu, dann erscheint ein komplexes, umfangreiches und nur schwer auf wenige Aspekte zu reduzierendes Bild von der Rolle und der Professionalität einer Lehrkraft. Was ebenso auffallend ist, dass sich beide Traditionslinien nicht zur Kenntnis nehmen. Dies hat unterschiedliche Gründe, die gleichzeitig auch Problemfelder des erziehungswissenschaftlichen Diskurses zur Rolle und Professionalität des Lehrerberufes markieren:

Empirische Forschung zum Lehrerberuf kritisiert seit jeher an geisteswissenschaftlichen Ansätzen deren Normativität. Insofern würden entsprechende Überlegungen Gefahr laufen, ihrem Anspruch nach überhöht, unrealistisch und überfrachtet zu sein. In diesem Sinn wären sie auch anfällig für Fehlinterpretationen, ja würden diese sogar provozieren. Man denke an dieser Stelle an den bereits genannten Begriff des „pädagogischen Eros" und die sexuellen Übergriffe, wie sie in der Vergangenheit nicht zuletzt in reformpädagogisch orientierten und auch kirchlichen Einrichtungen öffentlich wurden. Dies sind Problembereiche, die nicht von der Hand zu weisen sind.

Es liegt nahe, dass eine Forschungsrichtung, die bewusst Normatives ausblenden will, nur jene Bereiche in den Fokus nehmen kann, die davon unberührt bleiben. Überspitzt formuliert könnte man folgern, dass hier nicht mehr der Inhalt die Methode bestimmt, sondern die Methode den Inhalt. Damit wäre ein Postulat wissenschaftlichen Arbeitens auf den Kopf gestellt. Vergleicht man aktuelle Entwicklungen einer empirischen Forschung zum Lehrerberuf, dann lassen sich entsprechende Parallelen finden: Berufswahlmotive, Lehrerbiographien, Lehrerbildung, Lehrerkompetenzen und Lehrerbelastung sind Bereiche, aus denen Normatives ausgeklammert werden kann. Dass damit aber auch nur ein Teilbereich dessen in den Fokus genommen wird, was den Lehrerberuf ausmacht, wird häufig nicht zur Kenntnis genommen. Insofern lässt sich der Vorwurf eines Reduktionismus formulieren, der sowohl empirische als auch geisteswissenschaftliche Studien zur Rolle und Professionalität von Lehrkräften trifft.

Ein weiteres Problem das entsteht: Auch empirische Forschung schafft – ob sie dies will oder nicht – Normen, die für brauchbar, effizient, erfolgreich gehalten werden. Dies lässt sich am Beispiel einer Kompetenzorientierung zeigen, die im Rahmen einer empirischen Forschung zum Lehrerberuf als Gegenpol zu den Überlegungen des „pädagogischen Taktes", des „pädagogischen Bezuges" und des „pädagogischen Eros" gesehen werden kann – anstelle des „geborenen Erziehers" steht der „erlernbare Erzieher". So lassen sich verschiedene Kompetenzmodelle ausfindig machen, die allesamt in empirischen Studien eingesetzt werden. Und selbst die *KMK* (Ständige Konferenz der Kultusminister der Länder in der Bundesrepublik Deutschland) greift diesen Gedanken auf und formuliert 2004 „Standards für die Lehrerbildung": Unterrichten, Erziehen, Beurteilen und Innovieren. Dass eine damit verbundene Outputorientierung wichtig ist, sei an dieser Stelle betont. Zu lange hat sich der erziehungswissenschaftliche Diskurs, zum Teil unter dem Deckmantel einer geisteswissenschaftlichen Pädagogik, nicht um derartige Fragen gekümmert. Der aktuelle Trend aber lässt das Pendel ins andere Extrem ausschlagen: Es liegen mittlerweile Kompetenzkataloge vor, die mit Blick auf Qualität und Quantität ihrem Anspruch nicht mehr gerecht werden können. Kritisierte die empirische Forschung zum Lehrerberuf Ansätze, wie zum Beispiel den „geborenen Erzieher", als zu überhöht, unrealistisch und überfrachtet, muss sie sich diesen Vorwurf angesichts aktueller Entwicklungen selbst gefallen lassen. Pointierend könnte man von der Vermessung des Lehrers oder vom „vermessenen Lehrer" sprechen, und zwar im doppeldeutigen Sinn: Vermessen, weil der Versuch unternommen wird, den Menschen in seiner Komplexität auf messbare und somit ebenfalls einer Norm folgende Faktoren zu reduzieren. Vermessen, weil das damit erzielte Ergebnis nicht die Realität widerspiegeln kann. Der Lehrer ist mehr als die Summe von Kompetenzen und seine Professionalität lässt sich auch nicht in dieser allein definieren. Die Frage der Normativität scheint folglich in diesem Kontext von zentraler Bedeutung zu sein.

Angesichts der angestellten Überlegungen sollen im folgenden Dialog Problemfelder besprochen werden, die einerseits als aktuelle Problemfelder des erziehungswissenschaftlichen Diskurses zur Rolle und Professionalität von Lehrkräften charakterisiert werden können und andererseits auch in den Bereich einer theologischen Betrachtungsweise anzusiedeln sind, so dass ein Zusammenbringen beider Blickwinkel spannungsreiche und kontroverse Diskussionen erwarten lässt. Dabei bietet sich vor allem der Blick auf die Rolle und die Professionalität von Priestern an, die häufig auch in schulischen Arbeitsfeldern eingesetzt werden und somit Überschneidungen zur Rolle und Professionalität von Lehrkräften bestehen.

Der Dialog

ZIERER: Mit Blick auf den Titel unseres Buches ist es sicherlich eine naheliegende Frage: Warum soll ich mich als Erziehungswissenschaftler, wenn ich über die Lehrerrolle und die Lehrerprofessionalität nachdenke, mit dem Christentum oder der Theologie befassen? Meines Erachtens ist eine gewisse Nähe zwischen Lehrerberuf und Priesterberuf da, die historisch gewachsen ist und selbst heute noch in den Anforderungen beider Berufe gegeben ist. Vor diesem Hintergrund möchte ich eine Parallele eröffnen und Sie fragen, was einen guten Priester auszeichnet und was von alledem für einen Lehrer wichtig ist.

MARX: Es ist richtig: Der Gründer des Christentums war Lehrer und Meister. „Ihr sagt zu mir Meister und Herr und ihr nennt mich mit Recht so; denn ich bin es." (Joh 13, 13) Also *Christus* hat immer gelehrt und er lehrte sie lange, drei, vier Stunden, vielleicht auch länger. Es waren sicher nicht nur Zehn-Minuten-Predigten, sondern er hat stundenlang gelehrt. Rabbi haben sie ihn genannt. Ein wesentlicher Punkt seiner eigenen Tätigkeit war, Lehrer zu sein. Insofern ist klar, dass der Priester daran Maß nehmen muss. Und ein guter Priester muss sich, das ist die alte klassische Tradition der Kirche, der Imitatio Christi öffnen. Der Nachfolger Christi muss das tun, was er getan hat: Er muss auch lehren und ein guter Lehrer sein. Ein guter Priester ist deswegen jemand, der das, was von Gott her gesagt werden muss, auch in Worte bringen und sakramental zeichenhaft darstellen kann. Im letzten Punkt ist er von seinen eigenen Begabungen entlastet, aber trotzdem gehört mit dazu, im sakramentalen Bereich das zu wissen, was man tut, darüber reflektiert zu haben, was man tut, und nicht nur einfach etwas zu absolvieren. Demzufolge muss ein Priester ein guter Kommunikator sein. Er muss mit Menschen umgehen können. Er muss, ich sage es jetzt einmal ganz einfach, Menschen lieben. Das, glaube ich, ist für einen guten Lehrer genauso wichtig: Menschen lieben, besonders die, für die er da ist. Und das gilt für die Priester auch. Das heißt nicht, dass man jeden Menschen sympathisch findet, aber dass man grundsätzlich Freude daran hat, mit Menschen zusammenzukommen, ihnen etwas von der Botschaft *Christi* zu sagen und mit ihnen den Glauben zu feiern. Ein wesentlicher Punkt des priesterlichen Dienstes ist Kommunikation, ist Gemeinschaftsarbeit, ist Lehre, Unterweisung, eben auch Predigt. Denn eine Predigt ist in gewisser Weise eine besondere Form der Lehre, eine besondere Form der Unterweisung, eine besondere Form der Katechese. Das Beispiel hierfür, das rechte Maß muss immer wieder *Christus* sein: So, wie er gelehrt hat, können wir am Besten lernen. Beispielsweise hat er viel in Gleichnissen gesprochen – in der Hoffnung, dass seine Zuhörer es verstehen konnten. Allerdings kam es natürlich auch vor, dass er zwar in Gleichnissen sprach, aber die Menschen und selbst die Jünger es trotzdem nicht verstanden. Die Kommunikation mit den Menschen war und ist nicht immer einfach. Nicht alle haben verstanden, was *Christus* eigentlich wollte. Dennoch hat er sich selber als jemand verstanden, der den Menschen einen Zugang eröffnen wollte in die Wirklichkeit Gottes. Das ist der wesentliche Punkt des priesterlichen Dienstes: Menschen Zugänge in die Wirklichkeit Gottes zu eröffnen, geistige, lebensmäßige, kommunikative, liturgische, sakramentale Zugänge.

ZIERER: Ich sehe an der Stelle Parallelen zum aktuellen erziehungswissenschaftlichen Diskurs: Auf der einen Seite muss der Priester die Gabe mitbringen, sich Menschen zu öffnen, hinzugeben, mit Menschen einen gemeinsamen Weg zu beschreiten. Auf der anderen Seite muss er die notwendigen Fähigkeiten besitzen, das erforderliche Wissen haben und so weiter. Ähnliches gilt für den Lehrerberuf und insofern lassen sich, wie ich finde, zwei Pole unterscheiden: zum einen der geborene Lehrer und zum anderen der erlernbare Lehrer. Trifft dies auch auf das Priestersein zu?

MARX: Priester ist natürlich kein Beruf, auch wenn es ein Beruf zu sein scheint. Aber wir sagen, dass jemand durch die sakramentale Weihe über seine Fähigkeiten hinaus in einen Dienst genommen wird, der nicht deckungsgleich ist mit seinen Fähigkeiten. Es kommt folglich ein Überschuss hinzu, sonst ginge es ja gar nicht. Wie soll denn jemand *Christus* repräsentieren? Allein von seinen eigenen Fähigkeiten her geht das nicht. Dennoch haben Sie sicherlich recht: Es gibt gewisse Begabungen, die jemand mitbringen kann und die sehr geeignet sind für diese Aufgabe. Manches kann man sicherlich auch lernen, aber manches eben auch nicht. Insofern gibt es auch Gründe, warum ich jemanden nicht zum Priester weihe. Ich muss hier Grenzen beachten: Wenn manche Fähigkeiten nicht erkennbar sind, wenn jemand nicht mit anderen Menschen umgehen kann, dann kann ich ihn nicht zum Priester weihen. Dann sage ich mir: Der liebe Gott hat mir diesen Mann nicht als Priester geschickt, sonst hätte er eine andere Fähigkeit, eine andere Begabung. Das aber zu entscheiden, was jemand lernen kann, ist schon eine schwierige Aufgabe. Es gibt Menschen, die finden sofort Sympathie, die finden sofort einen Zugang zu anderen Menschen. Andere müssen sich den sehr mühsam erarbeiten. Es gibt Menschen, die im ersten Augenblick Kommunikation herstellen können. Andere brauchen eine längere Zeit, aber dann kann die Kommunikation auch sehr intensiv sein. Das gilt in gleicher Weise für menschliche Beziehungen – in der Familie, in der Kirche, in der Schule.

ZIERER: Das hört sich nach einem Plädoyer für den geborenen Lehrer an.

MARX: Ich bin nicht der Meinung, dass das „Geboren" absolut deterministisch ist und man praktisch gar nichts daran machen könnte. Man kann schon etwas lernen. Man kann die Fähigkeiten entfalten. Man kann über seine eigene Tätigkeit nachdenken. Man kann durch Übung und durch Supervision viel erreichen, was ich übrigens bei Lehrern vermisse. Priester machen in unserem Erzbistum mindestens eine Supervision während ihrer Ausbildung und können damit anlagebedingte Stärken und Schwächen auch besser reflektieren. Das ist wichtig, denn es gibt immer Störungen – auch beim Lehrer: Warum ist diese Klasse jetzt so rebellisch, wenn dieser Lehrer kommt, der in der anderen Klasse zurechtkommt, aber da nicht? Wie kann ich das rausbekommen? Das geht nur über Supervision, eine Fachberatung oder eine Teamberatung, die notwenig ist, um das zu reflektieren. In neunzig Prozent der Störungen und Konflikte geht es ja um Kommunikation und nicht um die Frage, ob einer viel weiß. Auch wenn einer viel weiß, ist er als Lehrer nicht zwangsläufig anerkannt. Denn wenn er nicht kommunizieren kann, dann gilt er vielleicht eher als seltsam. Im Grunde läuft so nicht das, was wir eigentlich von Schule erwarten, von der Bildung her erwarten. Das, meine ich, müsste man hinzufügen: Es gibt Begabungen, die da sind, natürliche Begabungen zu Kommunikation, zu Vermittlung und so weiter. Ich glaube zum Beispiel, dass ich gut erklären kann. Das habe ich wohl von meinem Vater, der konnte auch gut erzählen. Der entscheidende Punkt ist jedoch, ob ich die Defizite, die bei mir sind, durch Fortbildung ausgleichen kann. Und da gibt es wahrscheinlich irgendwo eine Grenze, die ich akzeptieren muss. Ich muss meine eigenen Grenzen sehen und akzeptieren. Und ein weiterer Punkt ist die Kommunikation, die ja wesentlich ist für den Bildungsprozess: Wenn es da Störungen gibt, dann muss ich genauer hinschauen. Man sollte spätestens im Referendariat gemerkt haben, ob das geht oder nicht. Wahrscheinlich gibt es zu viele unglückliche Lehrer.

ZIERER: Das kann man durchaus so sagen: Der Lehrerberuf weist mit die höchste Burnout-Quote in sozialen Berufen auf.

MARX: Und insofern ist die Frage, ob wir in der Lehrerausbildung, -fortbildung und -weiterbildung genug tun, mit Nein zu beantworten.

ZIERER: Eine Supervision, besser noch: Eine lebenslange Supervision ist sicherlich ein wichtiger Punkt, um diese Defizite beseitigen zu können.

MARX: Wir ergänzen das dadurch, dass Priester eine geistliche Begleitung haben. Das spirituelle Programm ist noch einmal eine Stütze, die so ähnlich auch für einen Lehrer wichtig ist: Es ginge dabei eventuell um eine kontinuierliche Begleitung durch einen erfahrenen Kollegen. Das wäre noch keine systematische Supervision, die genau schaut, was in den Beziehungsebenen nicht gut läuft und das Ziel des Unterrichts konterkariert. Das darf nicht ignoriert werden. Als Schulträger und auch von den Eltern her und von einem selber her dürfte man das nicht ignorieren. Ein solches der „geistlichen Begleitung" analoges Mentorat wäre sicher gut.

ZIERER: Ihr Gedanke überzeugt mich, weil er versucht, sowohl den geborenen als auch den erlernbaren Lehrer zusammenzubringen, und somit auch die Notwendigkeit deutlich macht, beides stets zu hinterfragen. Nur eine kritische Anmerkung: Sowohl im kirchlichen als auch im schulischen Kontext funktioniert dieses System nicht optimal.

MARX: Ja, das ist richtig.

ZIERER: Ich behaupte: Wenn es optimal funktionieren würde, dann hätte es die zahlreichen Eklats an sexuellen Übergriffen und ähnlichen Verfehlungen nicht gegeben.

MARX: All das, was passiert ist im gesamten Bereich sexuellen Missbrauchs und im Bereich der Grenzverletzungen von Nähe und Distanz, darf selbstverständlich nicht geschehen. Bei den Priestern, glaube ich, ist es sogar noch schlimmer, weil hier noch etwas anderes hinzukommt: eine geistliche Väterlichkeit, die der Priester darstellt. *Hanna-Barbara Gerl-Falkovitz* hat in einem Vortrag die Möglichkeiten des Priesterseins sehr schön auf den Punkt gebracht als Möglichkeit, Männlichkeit jenseits von Begehren, Gewalt und so weiter darzustellen. Im Grunde ist das Imitatio Christi und man muss es als eine geistliche Übung verstehen. Deshalb ist der Priester, wenn es gut läuft, für viele anziehend, insbesondere wenn man merkt: Dieser Mensch hat sein Begehren zur Ruhe gebracht. Diese Vorstellung hat eine Anziehungskraft, auch und gerade für Kinder und Jugendliche, was ich ja immer wieder in der Seelsorge erlebt habe. Viele Priester können davon erzählen und Sie als Lehrer sicherlich auch. Wir können alle davon erzählen, dass wir solche Personen kennen gelernt haben. Wenn man eingebunden ist in einer guten Pfarrei, dann kann ich hoffentlich erleben, dass der Priester eine Orientierungsgestalt ist, die frei ist von Begehren, die nichts haben will, sondern schenken will. Auch deswegen ist der Übergriff so katastrophal! Es gibt zwar menschliche Begrenzungen, und die Gestalt des Priesters, wie sie gedacht ist, ist ein Ideal, aber das entpflichtet ja nicht von der Verantwortung. Es war anrührend, als *Barbara Gerl-Falkowitz* gerade als Frau den Priestern diese Dinge sagte, und es war ziemlich ruhig unter den Zuhörern. Was könnte das Priestertum an Väterlichkeit sein in einer Gesellschaft, die eben Väter sucht, wo viele Kinder überhaupt keinen Vater mehr haben? Das Ganze lässt sich auf einen Lehrer vielleicht nicht Eins zu Eins übertragen. Ich vermute, dass die Beziehungsebene in der Pfarrei intensiver ist als in der Schule. Wenn ich mit Jugendlichen auf Fahrt gegangen bin oder wenn Jugendliche bei mir als Kaplan zu Hause waren, dann ist das anders als ein Lehrer-Schüler-Verhältnis. Aber auch da gibt es diese Beziehungsebene. Darunter haben wir als Schüler schon gelitten, wenn ein Lehrer scheinbar einen Schüler mehr mochte als die anderen: Der trifft sich mit dem, der darf mit dem Lehrer ein Eis essen gehen und so weiter. All diese Dinge hat es gegeben und gibt es weiterhin. Und deswegen ist die Beziehungsebene intensiv zu reflektieren und regelmäßig anzuschauen. Wie ist meine Beziehung zu den Schülern, gerade wenn sie heranwachsen? Man sollte das nicht unterschätzen. Diese Beziehungsebenen spielen eine Rolle, und Übergriffe sind auch eine Folge davon, dass man nicht reflektiert und einfach verdrängt, dass diese Beziehungsebenen da sind.

ZIERER: Ich denke auch, dass das die schlimmste Reaktion von allen wäre, diese Beziehungsebene auszuklammern oder nicht zu thematisieren. Denn man könnte im Sinn *Immanuel Kants* auch sagen, dass die Frage von Nähe und Distanz eine Antinomie ist, die zum Pädagogischen gehört und wahrscheinlich auch zum Priesterlichen.

MARX: Ganz klar.

ZIERER: Wie geht man dann am besten damit um? Wie findet man das rechte Maß im aristotelischen Sinn? *Friedemann Schulz von Thun* hat diesen Gedanken in seinem Werte- und Entwicklungsquadrat aufgegriffen und deutlich gemacht, dass beide Werte, der der Nähe und der der Distanz, positiv sind, sich aber als Unwert zeigen können, wenn sie in extremen Erscheinungsformen auftreten: Nähe als grenzüberschreitende Intimität und Distanz als unüberwindbare Unnahbarkeit. In der erziehungswissenschaftlichen Diskussion hat man diesen Gedanken im Kontext einer geisteswissenschaftlichen Pädagogik versucht auf den Punkt zu bringen: Manche sprechen vom pädagogischen Eros. Manche sprechen von pädagogischer Liebe.

MARX: Der Begriff Liebe ist ein bisschen desavouiert. Gehen wir einmal aus von *Erich Fromms* „Die Kunst des Liebens“, 1956 erschienen. Wir haben dieses Buch damals im Studium gelesen. Als Achtzehnjähriger denkt man, was da wohl drin steht. Und dann steht das nicht drin, was man erwartet, sondern es steht drin, ich will es einmal so zusammenfassen: Wenn wir etwas lernen wollen, meinetwegen eine Sprache oder Klavier zu spielen oder eine Sportart zu beherrschen, dann wissen wir, dass wir uns dafür sehr anstrengen, engagieren müssen. Bei der wichtigsten aller Künste, der Einzigen auch, die den Menschen wirklich glücklich machen kann, nämlich der Liebe, da meinen wir, das ist ein Gefühl, das kommt und geht, da kann man gar nichts machen. Und das ist ein großer Irrtum. Wir lesen ja mittlerweile Sätze wie „Liebe ist Arbeit." In dem Bereich, über den wir sprechen, glaube ich, kann man durchaus das Wort Liebe benutzen. Dabei geht es natürlich nicht um die sexuelle Liebe. Das Wort Liebe ist ein ähnlich schillerndes Wort wie das Wort Gott. Gott und Liebe sind vielleicht die am meisten faszinierendsten Wörter der menschlichen Sprache und die am meisten falsch verstandenen Wörter der menschlichen Sprache. Und trotzdem möchte ich das Wort nicht gerne unter den Tisch fallen lassen. Denn es ist ein Schüsselwort *Jesu* gewesen. Ich kann das nicht einfach ersetzen. Er hat das zu seinem Schlüsselprogramm gemacht. *Papst Benedikt XVI.* hat in seiner Enzyklika „Deus caritas est" auch versucht, das in vielen Dimensionen und Aspekten zu entfalten. Ganz kann man auf den Begriff Liebe nicht verzichten: Liebe ist der Kern. Ob man stattdessen, wie Sie in der Einleitung zu diesem Gespräch andeuten, von Wohlwollen im Sinn *Robert Spaemanns* sprechen kann, weiß ich nicht. Wohlwollen ist jedenfalls weniger. Liebe ist mehr. Die damit verbundene grundsätzliche Anerkennung des anderen, dass er da ist, und das Bemühen, den anderen zu verstehen, vom anderen her zu denken, das gehört schon mit dazu – auch für einen Lehrer: den Schüler zu verstehen, ihn ernst zu nehmen, ihn zu respektieren, zu entdecken, welches Geheimnis dieser Junge oder dieses Mädchen wirklich in sich trägt. Dazu gehört doch Liebe. Oder wie soll ich den Schüler denn sonst verstehen? Andernfalls interessiert mich das ja gar nicht. Es interessiert mich dann ja nur, ob er seine Schulaufgaben gemacht hat oder nicht. Das kann doch nicht das Einzige sein. Heute hat der Lehrer zwanzig oder dreißig Schülerinnen und Schüler in einer Klasse vor sich, früher waren es vierzig, fünfzig, und trotzdem muss doch diese Beziehung erkennbar sein. Für einen Priester ist das in gleicher Weise wichtig: Wie soll er Seelsorger sein, wenn er nicht wenigstens versucht, den anderen zu verstehen und zu hören, was mit ihm ist?

ZIERER: Ich würde begrifflich gern noch einmal nachfragen, weil in der aktuellen Diskussion, zumindest in der Erziehungswissenschaft, der Begriff der Liebe sehr zurückgedrängt wird und er streng genommen, wenn man mit *Johann Friedrich Herbart* sprechen wollte, kein einheimischer pädagogischer Begriff ist, sondern vermutlich eher in der Religion, in der Theologie beheimatet ist. Lässt sich das Wort Liebe nicht doch ersetzen? Caritas war eine Idee ...

MARX: ... das heißt doch Liebe ...

ZIERER: ... oder Wohlwollen im Sinn *Robert Spaemanns* eine andere, auf das wir schon ein bisschen eingegangen sind.

MARX: Nein, ich bleibe bei der Liebe.

ZIERER: Ja?

MARX: Ja, ich bleibe bei der Liebe. Warum sollen wir hier kapitulieren und sagen, es ist missverständlich. Missverständlich ist Wohlwollen, missverständlich ist Caritas. Bei Caritas denken wir zuerst an eine Hilfsorganisation. Das Wort kann man in diesem Kontext so nicht benutzen: Ein Lehrer muss Caritas haben – das geht doch nicht. Und Wohlwollen: Das ist schon sehr distanziert. Das hört sich an, wie: Ich will dir ja nicht übel, ich will dir wohl. Also, ich weiß nicht, Caritas und Wohlwollen, beide Begriffe sind auch missverständlich. Wir wollen vom Dialog Erziehungswissenschaft und Theologie ausgehen: Das Christentum hält an der Liebe fest, Herr Professor.

ZIERER: Einverstanden. Aber dann müsste die so verstandene Liebe weiter ausdifferenziert werden.

MARX: Das Christentum hält am Liebesgebot fest: „Liebt einander so, wie ich euch geliebt habe." (Joh 15, 12) Diese Liebe *Jesu* ist keine romantische und kein im Sonnenuntergang am Strand Arm in Arm schlendern, das ist damit nicht gemeint. Man müsste es aufschlüsseln, so wie es *Papst Benedikt XVI.* in seiner Enzyklika „Caritas in veritate" versucht hat. Was ist denn gemeint? Liebe beinhaltet Wohlwollen und Caritas, aber auch die Anziehungskraft des anderen, weil er der andere ist, weil ich nicht für mich alleine existieren kann, weil der andere eine Offenbarung für mich ist – nicht nur, weil er mein Sexualpartner sein könnte. Lieben heißt, den anderen sehen, eben weil er der andere ist, weil dieser Mensch von Gott her auf mich zukommt, und weil ich etwas sehe, was ich selber nicht bin und das mit großer Offenheit und mit Wohlwollen aufnehme. Das ist eine Grundhaltung, die ist absolut und die nenne ich Liebe.

ZIERER: Das heißt, diese Anziehungskraft beziehungsweise das Zulassen dieser Anziehungskraft, von der Sie im Sinn einer Liebe sprechen, ist die Grundvoraussetzung für einen Priester, für einen Lehrer gleichermaßen. Wenn ich dieser Anziehungskraft nicht Raum geben würde, dann könnte ich meiner Aufgabe, meiner Pflicht gar nicht nachkommen.

MARX: Ja. Ich könnte meinen Beruf gar nicht ausüben. Warum sollte ich jemandem etwas beibringen, der mich gar nicht interessiert? So kann kein pädagogischer Prozess entstehen. Ich bleibe dabei, dass das die Grundvoraussetzung eines pädagogischen Prozesses ist: Liebe. Das gilt für die Eltern und das gilt auch für Lehrer und das gilt für Priester. Sonst können nur Informationen ausgetauscht werden, vielleicht können auch Kompetenzen vermittelt werden, also das Technische kann erfolgen, aber ein pädagogischer Prozess, der immer auch ein Beziehungsprozess ist, kann, glaube ich, nicht wirklich gelingen. Wenn diese Zuneigung nicht da ist, die den Menschen erst, auch gerade den jungen Menschen, erblühen lässt, die ihn aufweckt, die ihm Möglichkeiten eröffnet, kann Bildung und Erziehung nicht gelingen. Wir alle können uns gut an Lehrer erinnern, von denen wir sagen können, dass sie uns begegnet sind mit diesem Blick und mit dieser Hoffnung, die sie in uns gesehen haben, den Möglichkeiten, die sie in uns entdeckt haben.

ZIERER: Worin kann man einen Unterschied zur elterlichen Liebe sehen?

MARX: Die elterliche Liebe ist schon eine ganz besondere Liebe. Eine Mutter, die ein Kind zur Welt gebracht hat, hat eine einzigartige Beziehung zu ihrem Kind, die ist unvergleichlich. Gleiches gilt für einen Vater. Das sind einfach Urbeziehungen, die unvergleichlich sind. Das Erstaunliche dabei ist für mich, dass diese Beziehungen auch durch viele Katastrophen hindurch nicht zerrissen werden. Man kann über Jahre hin keinen Kontakt mehr gehabt haben, aber die Familie bleibt und ist sehr stark. Wo geht man hin, wenn alles zusammenbricht? Dann sucht man doch meistens die Familie. Das ist eine besondere Beziehung, die, glaube ich, das ganze Leben lang bleibt und bleiben sollte. Es gehört zu den schrecklichen Erfahrungen, wenn man merkt, dass die älteren Menschen oft darunter leiden, dass ihre Kinder den Kontakt zu ihnen verlieren. Also zunächst einmal positiv gesehen, würde ich sagen, ist die elterliche Liebe etwas Besonderes. Sie kann natürlich auch verkehrt sein, beispielsweise besitzergreifend, wie wir es in Romanen lesen oder in Filmen wie „Das weiße Band" sehen können. Aber reden wir zunächst von der Grundstruktur. Diese ist beim Lehrer etwas anders: Der Lehrer hat viele Schülerinnen und Schüler. Und trotzdem kann, glaube ich, das Wort Liebe in diesem Zusammenhang benutzt werden. *Jesus* gebraucht es bewusst nicht im Sinn einer einfachen Sympathie, sondern im Sinn eines Gebotes: „Ein neues Gebot gebe ich euch: Liebt einander!" (Joh 13, 34) Somit ist es auch eine willentliche Sache, die er von uns fordert: Geh auf den Nächsten zu, indem du ihn als den anderen annimmst und als Bereicherung und Offenbarung Gottes für dich anschaust. Und das ist eine ständige Verpflichtung und insofern eine Frage der Fortbildung und im christlichen Sinn auch der geistlichen Formung. Gerade von den Lehrern, die aus dem christlichen Geist ihren Beruf ausüben, wünsche ich mir, dass sie sich bei der Zurüstung der Quellen bedienen, die ihnen im Gebet und in der geistlichen Gemeinschaft der Kirche geschenkt sind. Beim Priester gilt das sowieso. Hier gibt die Imitatio Christi den Maßstab vor. So wie ich etwa als Kind am Herz-Jesu-Freitag gebetet habe und das auch heute noch tue in der Herz-Jesu-Litanei: „Jesus, gütig und selbstlos von Herzen, bilde unser Herz nach deinem Herzen." Für einen Priester muss dieser Gedanke das Leitmotiv sein.

ZIERER: In diesem Sinn haben Ihre Ausführungen auch für den Lehrer Gültigkeit. Ich denke, das passt ganz gut zu dem Einstieg, den Sie gegeben haben, in dem Sie *Jesus* als Lehrer besprachen. Wenn *Jesus* in diesem Kontext, in dem er sich als Lehrer versteht, von Liebe spricht, dann ist das sicherlich auch ein wichtiger Hinweis darauf, wie sich ein Lehrer allgemein verstehen kann.

MARX: Ja. Für mich ist zudem im Lauf der Zeit klar geworden, dass das Christentum auch eine Lehre ist. Das wird etwas unterschätzt. *Jesus* als Lehrer ist, glaube ich, nicht so im Blickfeld und das müssten wir für uns neu oder zumindest wieder entdecken: Wie hat er gelehrt und wie hat er sich als Lehrer verstanden?

ZIERER: Wir haben jetzt viel über den Lehrerberuf und seine Professionalität gesprochen. Ich würde darauf aufbauend noch stärker auf die Lehrerrolle eingehen wollen. Diese ist eigentlich ziemlich klar definiert durch die *KMK*-Standards: Erziehen, Unterrichten, Beraten und Innovieren. So wichtig diese vier Bereiche sind, so kritisch kann man sie auch sehen. Mir fallen bei solchen „Schubladen", die man hier aufmacht, immer die Worte in Anlehnung an *Aristoteles* ein, wonach das Ganze mehr ist als die Summe seiner Teile.

MARX: Ja, der Lehrer ist in gewisser Weise ein „Gesamtkunstwerk“, wenn man so sagen will. Das heißt, er ist kein Automat, der bestimmte Wissensmodule von sich gibt, sondern er steht als Person vor den Schülerinnen und Schülern mit seiner Stimme und seiner Sprache, die eine große Bedeutung hat, die man pflegen muss. Wir wissen, wie viel über die Sprache läuft und über die Art und Weise, wie jemand sich in die Begegnung hineingibt, auch wie er sich anzieht. Die pädagogische Situation ist immer eine besondere Situation der Begegnung, das sage ich den Priestern genauso. In der Regel ist es eine Begegnung mit anvertrauten jungen Menschen und es ist Aufgabe des Lehrers, die Begegnung so zu gestalten, dass eine Lernsituation entstehen kann. Diese kann nur entstehen, wenn eine positive Aufnahmebereitschaft da ist. Insofern ist es sehr wichtig, wie die gesamte Persönlichkeit des Lehrers ist und da gilt tatsächlich: Das Ganze ist mehr als die Summe der einzelnen Kompetenzen. Das zusammenzufügen, ist eine große Herausforderung. Es reicht also nicht, nur einfach die mathematischen Formeln herunterzubeten und dann zu sagen, wer nicht mitkommt, ist selber schuld. Sondern in einen wirklichen Kommunikationsprozess über ein Thema einzusteigen, das die Schüler naturgemäß sehr unterschiedlich interessiert, erfordert den Lehrer in seiner gesamten Persönlichkeit. Ich bewundere die Lehrer und bin von großem Respekt dem Lehrerberuf gegenüber geprägt. Ich habe selber gerne unterrichtet, das gebe ich zu. Aber ich sehe, was es bedeutet, über viele, viele Jahre diesen Spannungsbogen auszuhalten, diese Intensität der Begegnung zu ermöglichen. Das fordert, wie gesagt, die gesamte Persönlichkeit.

ZIERER: Mir fällt zu dem, was Sie zu Beginn und jetzt gesagt haben, ein interessanter Zusammenhang auf: Dort haben Sie *Jesus* als Lehrer charakterisiert und eben haben wir die *KMK*-Standards besprochen, die die Aufgabe des Unterrichtens enthalten, vielleicht sogar ins Zentrum rücken. Hat *Jesus* unterrichtet oder hat er gepredigt? Ich denke, dass zwischen Predigt und Unterricht gewisse Parallelen existieren.

MARX: Er lehrte sie, so steht es in der Bibel. Allerdings wird bei den Synoptikern hinzugefügt: in Gleichnissen. Er lehrte sie in Gleichnissen, um etwas zu erklären. Er wollte ihnen erklären, was Gott bedeutet. Das war das Entscheidende. Die Menschen haben damals gesagt: So eine Lehre haben wir noch nie gehört. Er sprach wie jemand, der Vollmacht hat, nicht wie die Schriftgelehrten, nicht wie die, die einfach das erzählen, was sie gelernt haben, sondern er sprach wie jemand, der das, was er lehrt, auch selber lebt. Das ist es, was den Lehrer *Jesus* auszeichnet: Die Identifizierung zwischen dem, was er sagt, und dem, wer er ist. Das hat offensichtlich Menschen fasziniert. Hier spricht jemand, der ist das, was er sagt. Im Grunde ist das eine Definition des Sakramentes in der katholischen Dogmatik: Es ist, was es bezeichnet. Und das hat die Menschen angezogen und fasziniert. *Jesus* hat eine neue Lehre verkündet, so heißt es im Neuen Testament. Nach seiner Auferstehung wird vom neuen Weg gesprochen, der Menschen verändern kann, wie etwa in der Bekehrung des *Saulus* (Apg 9). Was somit erfahrbar wird, ist eine neue Erkenntnis über die Wirklichkeit Gottes, eine neue Gemeinschaft, die entsteht, die sich um ihn herum bildet. Es ist eine enge Lerngemeinschaft, die mit ihm geht. Er ist nicht wie ein Rabbi, zu dem man hinkommt. Vielmehr ist *Jesus* ein Wanderlehrer, ein Wanderprediger und es entsteht dadurch eine neue Lebensweise, ein neuer Stil, eine neue Art und Weise, den Glauben der Bibel, der Heiligen Schrift zu leben. Es ist ja klar, dass für ihn die Heilige Schrift das Alte Testament ist, da es das Neue Testament noch nicht gab. Und das ist etwas, was das Christentum kennzeichnet: Die Einheit von Glaube, Glaubensgemeinschaft, die Neuentdeckung der Wirklichkeit Gottes, eine neue Gemeinschaft, die entsteht, und eine neue Lebensweise, die sich daraus ergibt. Das ist sozusagen das Gesamte.

ZIERER: Sie haben in einer Nebenbemerkung erwähnt, vielleicht sogar betont: *Jesus* hat drei Stunden gelehrt.

MARX: Vielleicht auch länger, ja.

ZIERER: Er hat also nicht nur zehn Minuten gepredigt, wie es heute der Fall ist. Ein Unterricht dauert zwar länger, kommt aber in der Regel auch nicht über 45 Minuten hinaus. Warum ist dieser Punkt für Sie wichtig?

MARX: Weil sich viele vorstellen, das sei wie heute gewesen. Aber nein: Er hat sich Zeit genommen und die Menschen haben sich auch

Zeit genommen. Lehren und Lernen brauchen Zeit. Sicherlich ist eine Predigt keine Unterrichtsstunde und trotzdem ist sie eine Lehre, die verkündet wird. Die Predigt ist eine besondere Gattung der Lehre, die etwas vermitteln soll, die etwas an der Wahrheit zum Leuchten bringen oder eine ethische Weisung voran bringen soll. Im Rahmen des Gottesdienstes muss dies oft in zehn Minuten geschehen. Früher wurde länger gepredigt. Die Predigten von *Nikolaus von Kues* habe ich mir als Bischof von Trier intensiv angeschaut, auch er hat lange gepredigt. Angesichts der Kurzatmigkeit, die sich bei uns heute breit gemacht hat, ist mir wichtig, dass man wenigstens im Bewusstsein hat, dass nicht alles schnell gehen kann. Der christliche Glaube geht nicht im Schnellkurs, sondern man braucht Zeit dafür. Man braucht Zeit zum Lernen, Zeit, um etwas zu erfahren. Die Leute waren hungrig nach dem Wort Gottes. Sie haben drei Stunden ausgeharrt und das Essen vor Aufregung vergessen, so dass *Jesus* sich noch kümmern musste, dass sie etwas zu essen bekamen.

ZIERER: Ich versuche einmal, unser bisheriges Gespräch über *Jesus* als Lehrer zusammenzufassen. Es ergeben sich vier Punkte, die wir im Gespräch herausgearbeitet haben und die wichtig sind: Erstens das Kind, das er in die Mitte stellt – hierzu haben wir im Kontext von Familie und Elternarbeit gesprochen. Zweitens die Liebe, über die wir eben intensiv diskutiert haben. Drittens das Gespräch, der Dialog in Gleichnissen ...

MARX: Ja, die Hörer mit ihren Verstehensmöglichkeiten hinein zu nehmen durch die Gleichnisse aus ihrer Lebenswelt.

ZIERER: Und viertens der Zeitaspekt.

MARX: Ja, er hat sich Zeit genommen, obwohl er insgesamt nur wenig Zeit hatte. Drei Jahre, vielleicht waren es auch weniger, aber immerhin. Zum ersten Punkt, dem Kind, möchte ich noch ergänzen, damit keine Missverständnisse entstehen, dass er nicht in erster Linie vor Kindern gepredigt hat. Er hat das Kind in eine neue Wertigkeit hineingehoben durch seine Art und Weise, wie er mit Kindern umgegangen ist. Aber die Predigt selbst richtete sich schon an die Erwachsenen, obwohl die Kinder sicher oft dabei waren. Und er hat die Offenheit und Bereitschaft der Kinder zum Maßstab gemacht.

ZIERER: Für mich sind das viele wichtige Impulse, die vom erziehungswissenschaftlichen Diskurs aufgegriffen und mitgenommen werden können. In der Tat sind einige davon nicht unbekannt, jedoch zum Teil verloren gegangen. Schuld daran hat nicht zuletzt die Schnelllebigkeit der Zeit, die Sie auch angesprochen haben und die die erziehungswissenschaftliche Forschung immens beeinflusst.

MARX: Mir erscheint es jedenfalls eine lohnende Sache, der Pädagogik *Jesu* nachzugehen und diese genauer zu erforschen. Mir fällt hierzu das Buch von *Friedrich Normann* ein: „Christos Didaskalos – Die Vorstellung von Christus als Lehrer in der christlichen Literatur des ersten und zweiten Jahrhunderts" (1967). Das war die Doktorarbeit unsers Direktors im Theologenkonvikt, der selber ein großartiger Lehrer war. Wie *Jesus* mit den Menschen umgeht, wie er erklärt, was er von Gott sagt, wie er es sagt. All das war jedenfalls etwas Besonderes. Die Leute sprachen damals von einer neuen Lehre. „So etwas haben wir noch nie gehört", sagten sie.

ZIERER: Als Ergänzung ist noch der Erziehungsratgeber „Geheimnisvoll wie der Himmel sind Kinder – Was Eltern von Jesus lernen können?" von *Wolfgang Bergmann* (2010) zu nennen. Auch er betont die Liebe und meint damit das bedingungslose Einlassen auf Kinder. Ich finde, dass wir in unserem Gespräch diese Gedanken noch ein bisschen weiterentwickelt haben. Daran anschließend: Die Aufgaben einer Lehrkraft sind nicht damit erschöpft, zu erziehen, zu unterrichten, zu beraten und zu innovieren. Es gibt in der tagtäglichen Arbeit durchaus Schwierigkeiten und Problemfelder, die über diese Bereiche hinausgehen und in Richtung Schulsozialarbeit, Schulpastoral gehen. Aus kirchlicher Sicht könnte dies eine wichtige Aufgabe sein.

MARX: Ich glaube, wir müssen auch in diesem Zusammenhang wieder betonen, dass die Aufgaben der Schulsozialarbeit und Schulpastoral wichtiger geworden sind, ähnlich wie das Verhältnis von Schule und Elternhaus. Dies gilt vor allem dann, wenn Schule verstärkt als Lebens- und Lernort gesehen wird, was vor allem bei Ganztagsschulen der Fall ist. Da viel mehr Zeit in der Schule verbracht wird, müssen diese Aspekte stärker berücksichtigt werden. Schule muss, so verstanden, als Lebensort wahrgenommen werden und ist eben nicht nur ein Lernort, den ich nach kurzer Zeit verlasse. Man verbringt bereits heute sehr viel Zeit in der Schule und es wird in Zukunft wahrscheinlich noch mehr werden. Das kann man positiv und negativ sehen, darüber haben wir schon im Kontext von Familie und Elternarbeit gesprochen. Die kritischen Punkte darf man nicht unterschlagen und man kann daher nicht sagen, dass beispielsweise eine Ganztagsschule einfach nur gut wäre. Aber wenn es ein Lebensort ist, dann kommt natürlich der Gedanke des Erziehens und der lebensweltlichen Verbindung von Lehrer und Schüler noch stärker zum Tragen. Damit steigen auch die Anforderungen in den Konfliktfällen, in den Schwierigkeiten eines Schülers. Das können aber Lehrer nicht alles leisten. Das ist mir wichtig: Wenn ich Schule als Lebens- und Lernort sehe, dann kann ich nicht alles, was damit verbunden an Aufgaben ansteht, auf die Lehrer „abladen".

ZIERER: Sie haben es angesprochen: Ein Lehrer kann nicht das ganze Spektrum an Aufgaben abdecken. Und dennoch steigen die Anforderungen und nehmen die Herausforderungen zu. Meines Erachtens gewinnt vor diesem Hintergrund die Kooperation zwischen Elternhaus und Schule, zwischen Eltern und Lehrern immer mehr an Bedeutung.

MARX: Mein Vater ist in seinem Leben – glaube ich – nie in eine Schulsprechstunde gegangen. Das erschien ihm überflüssig, dort hinzugehen und mit einem Lehrer über seinen Sohn zu sprechen. Heute ist es anders und es ist gut, dass hier eine Verbindung ist, eine Zusammenarbeit, ein ergänzendes und gegenseitiges Helfen. Ich glaube, dass das schon wichtig ist. Wir haben schon jetzt beispielsweise schulpastorale Zentren. Für die Zukunft würde ich das sogar noch stärker ausbauen wollen. Wir müssen hier einander ergänzen und uns gegenseitig helfen. Der Lehrer kann das nicht alles leisten. Er kann nicht auch noch Schulseelsorger sein. Der Lehrer hat eine bestimmte Aufgabe, und der Schüler steht in einem gewissen Abhängigkeitsverhältnis zu ihm. Seelsorge ist etwas anderes: Menschen beizustehen, ihnen zu helfen in einer Problemsituation, der Suche nach Sinn und Glauben und so weiter. Wie gehe ich zum Beispiel damit um, dass der erste Liebeskummer ausgerechnet in der Schule vorkommt? In diesen und ähnlichen Fällen, glaube ich, ist die Ergänzung durch schulpastorale Arbeit sehr wichtig. Diesen Bereich befördere ich sehr. Wir versuchen durch Schulpastoral Hilfen anzubieten und die Arbeit der Lehrkräfte zu ergänzen. Das schulische Instrument des Vertrauenslehrers, das es heute auch noch gibt und das wir zu meiner Schulzeit schon hatten, ist eine gute Sache: Die Schüler wählen einen Lehrer, der sich in besonderer Weise verpflichtet, etwa bei Schwierigkeiten und Konflikten vermittelnd zu wirken. Je mehr Zeit die Kinder und Jugendlichen in der Schule verbringen, desto notwendiger ist es, auch solche Aspekte mit zu bedenken und weiterzuentwickeln.

ZIERER: Schulpastoral würde demzufolge ein Angebot umfassen, das die Lehrer in ihrer anspruchsvollen Tätigkeit unterstützt und ergänzt und dadurch weitere Räume der Erziehung und der Bildung schafft.

MARX: Wir haben ja auch mittlerweile in manchen Schulen Gebetsräume, dort wo Lehrer oder Schulen Wert darauf legen – das würde ich mir für jede katholische Schule wünschen! Alternativ geht auch ein Raum der Stille, wohin Schüler sich auch einmal zurückziehen können. Auch solche Dinge sind wichtig, wenn die Schule eben noch stärker ein Lebensort ist und die Jugendlichen den größten Teil des Tages in der Schule sind. Dann brauchen sie auch Räume, nicht nur Räume im wörtlichen Sinn, sondern Räume, in die sie sich zurückziehen können, wo sie für sich sein können und nicht ständig unter Beobachtung stehen. Das ist doch auch Stress. Wenn es keinen Raum gäbe, wo ich auch einmal allein sein kann, dann wäre das für mich furchtbar. Ich brauche das. Wenn immer jemand da ist, dann finde ich das furchtbar. Hinzukommen müssen Personen, also Räume im Sinne von personalem Angebot, zu denen man hingehen kann, wo jemand andocken kann, wenn er stundenlang in der Schule ist. Insofern ist die Schule von Morgen, wenn sie noch stärker Lebensort und Lernort ist, qualitativ gefordert, übrigens auch in der Art und Weise, wie wir Schulen bauen. Die Lehrer können all die angesprochenen Herausforderungen nicht alleine abdecken, meiner Ansicht nach. Das, was an Notwendigkeiten da ist, bedarf auch weiterer personaler Ressourcen.

ZIERER: Ich möchte den Punkt der ständigen Zunahme an Aufgaben und ihrer Übertragung auf die Lehrer nochmals ansprechen, weil ich der Auffassung bin und es am eigenen Leib gespürt habe, dass Lehrkräfte viel zu tun haben und auch viel leisten. Meines Erachtens ist die Gefahr groß, dass Überforderung eintritt: Neben Umwelterziehung, Werteerziehung, interkultureller Erziehung und dergleichen soll ein Lehrer die Migrationsproblematik lösen und neuestens auch die Inklusionsfrage beantworten. Das kann ein Lehrer nicht schaffen, da müsste er ...

MARX: ... und Freizeit noch gestalten und noch die Heftpflaster draufdrücken und so weiter. Das geht alles nicht, also jedenfalls nicht alles auf einmal. Wenn man eine Ganztagsschule will, dann sind damit hohe Anforderungen an die Gestaltung geknüpft. Es kann nicht nur eine einfache Fortsetzung des Unterrichts in den Nachmittag hinein sein. Als Kirche können wir nur sagen: Wir wollen helfen, soweit wir das können. Natürlich muss die Schule zuerst überlegen und dafür sorgen, das sage ich jetzt vereinfacht, wer das Ganze bezahlt. Qualität hat ihren Preis. Das gilt für Angebote in der Ganztagsschule und auch für die Schulpastoral.

ZIERER: Wie müsste eine solche Verbindung von Ganztagsschule und Schulpastoral Ihrer Meinung nach aussehen?

MARX: Im Grunde genommen müsste es doch ähnlich sein, wie in einem Krankenhaus, jedenfalls in einem katholischen Krankenhaus. Dort gehört es mit dazu, dass wir Seelsorge anbieten. Das gehört zu unserem Gesamtprogramm. Und in der Schule sollte es auch dazugehören. Schulsozialarbeit wird ja staatlich finanziert. Nun könnte man bei der Schulpastoral einwenden, dass diese nur für die Katholiken angeboten wird, aber wir machen Schulpastoral ja nicht nur für die konfessionell gebundenen. Das soll selbstverständlich ein Angebot für alle Schüler sein. Deshalb ist auch bei der Schulpastoral wenigstens die Mitfinanzierung zu klären. Sonst würde man die Aufgabe, die allen zugute kommen soll, allein von den Kirchensteuerzahlern finanzieren lassen.

Wenn man die Schule von Morgen konzipiert, dann taucht eine Reihe von ungeklärten und zum Teil schwierig zu beantwortenden Fragen auf. Wenn die Schule ganztägig wäre, was würde das etwa personell und vom Angebot her bedeuten? Welche Räume brauchen wir dann? Und so weiter.

ZIERER: Wie könnte vor dem Hintergrund des Gesagten eine Schule von Morgen aussehen?

MARX: In München-Pullach konzipieren wir an einem bestehenden Schulstandort durch ein Bündel von Maßnahmen einen umfassenden kirchlichen Bildungsort, mit Kinderkrippe, Kindergarten, Grundschule, Realschule und Gymnasium. Dabei entsteht für Kinderkrippe, Kindergarten und Grundschule auch ein neues Gebäude. Die Schüler haben 2012 einen Wettbewerb gemacht und sich der Aufgabe gestellt: Wie soll unsere Schule aussehen? Das, was die Kinder hierzu entworfen haben, müssen sich die Verantwortlichen und Architekten auf jeden Fall ernsthaft anschauen. Das ist wichtig: Wenn wir eine solche Schule konzipieren und sie ein Lebensort sein soll, dann ist das auch eine große Herausforderung für die räumliche Gestaltung. Hier sind wir noch nicht innovativ genug. Man denkt häufig: Eine Schule, wie soll die schon aussehen? Aber die Schule von Morgen wird eben noch stärker ein Lebensort mit eigenen Anforderungen sein. Das ist ganz wichtig, und dazu können die Schüler selbst schon einige Hinweise geben. Auch das ist ein Beispiel, um deutlich zu machen, dass die Weiterentwicklung der Schulen eine sehr umfassende Aufgabe ist.

Schule und Schulentwicklung

Die Einführung

Klaus Zierer

Schule zählt heute zu den zentralen Gesellschaftsthemen. In Talkshows und der Tagespresse wird sie ebenso diskutiert wie in Wissenschaft, Politik, Wirtschaft und Kirche. Dabei ist das Interesse an der Schule nicht erst in den letzten Jahren entstanden. So finden sich bereits in der Antike Diskussionen, wie Erziehung und Unterricht für die nachwachsende Generation sinnvoll zu organisieren und durchzuführen ist. Erinnert sei an dieser Stelle vor allem an *Quintilian, Juvenal* und *Plinius den Jüngeren*. Vor diesem Hintergrund kann Schule als ein raum- und zeitloses Thema angesehen werden. All den angedeuteten Perspektiven, seien sie pädagogischer, psychologischer, soziologischer, politischer, wirtschaftlicher oder theologischer Natur, ist die Frage gemein, was eine „gute" Schule ausmacht.

Doch bereits diese Fokussierung bleibt in der aktuellen erziehungswissenschaftlichen Diskussion nicht ohne Kritik: Das Attribut „gut", so wird argumentiert, wird viel zu plakativ und inflationär verwendet, als dass man es wissenschaftlich sinnvoll und stringent verwenden könne. „Gut" ist demzufolge keine wissenschaftliche Kategorie und muss als Diskussionsbegriff fallen gelassen werden. Allerdings übersieht diese Schlussfolgerung, dass pädagogisches Handeln, wie jedes Handeln, normativ ist und daher immer Wertungen beinhaltet. Insofern kann es, ja muss es mit „gut" oder auch „schlecht" beschrieben werden. Das Problem, das sich vielmehr hinter der skizzierten Kritik verbirgt, ist darin zu sehen, dass der Wertemaßstab für diese oder ähnliche Zuschreibungen unscharf ist und uneinheitlich, meistens auch unreflektiert verwendet wird. Am Beispiel der Diskussionen zum „guten" Unterricht lässt sich das Gesagte verdeutlichen: Es gibt mittlerweile eine Vielzahl an Publikationen zu diesem Thema, die im Hinblick auf die inhaltliche Ausformulierung durchaus Schnittmengen vorweisen, aber doch auch Unterschiede und Vereinseitigungen. Überraschend ist diesbezüglich außerdem, dass sich nur die allerwenigsten Autoren mit der Frage beschäftigen, was sie denn unter „gut" verstehen und – noch seltener – hierfür auf erkenntnistheoretische Grundlagen zurückgreifen. Im Folgenden wird der Versuch unternommen, die Frage nach einer „guten" Schule epistemologisch zu beantworten. Denn erst darauf aufbauend erscheint es möglich, aktuelle Fragen von Schulentwicklung diskutieren zu können.

Zu diesem Zweck bietet es sich an, das epistemologische Quadrantenmodell von *Ken Wilber* aufzugreifen, das dieser in „Eros, Kosmos, Logos" (2002) im Anschluss an die Drei-Welten-Theorie von *Jürgen Habermas* entwickelt hat. Darin unterscheidet *Ken Wilber* vier Zugänge zur Erkenntnis: Erstens einen subjektiven Zugang, in dem es um Wahrhaftigkeit geht und somit Interessen, Wünsche und Bedürfnisse an erster Stelle stehen. Zweitens einen intersubjektiven Zugang, der als Ziel ein kulturelles Passen verfolgt und damit Gerechtigkeit und Richtigkeit als zentrale Kriterien nennt. Drittens einen objektiven Zugang, in dem es um Messbarkeit und Beobachtbarkeit, also um Wahrheit im propositionalen Sinn geht. Und viertens einen interobjektiven Zugang, der einen systemischen Anspruch erhebt und folglich auf ein funktionales Passen fokussiert. Wenn man diese Perspektiven auf die Frage nach einer „guten" Schule überträgt, dann lassen sich daran anschließend vier Teilfragen formulieren, die helfen können, die Komplexität dieses Problems sichtbar zu machen und zu strukturieren. Am Beispiel der Kontroverse um ein gegliedertes Schulsystem soll dies verdeutlicht werden: Im Fall eines subjektiven Zuganges lässt sich die Teilfrage „Was ist eine freudvolle Schule?" nennen. Folglich geht es darin in erster Linie um die Befindlichkeiten aller Protagonisten in der Schule – nicht nur um die von Schülern, sondern auch um die von Lehrern, Eltern und allen anderen, die direkt oder indirekt am schulischen Geschehen beteiligt sind. Diese Befindlichkeiten lassen sich nicht von außen empirisch messen, sondern können nur interpretierend zugänglich gemacht werden. Mit Blick auf die eben angesprochene Kontroverse um ein gegliedertes Schulsystem wäre danach zu fragen, wie denn die Wünsche und Interessen aller Beteiligten sind. Ähnlich verhält es sich mit dem intersubjektiven Zugang, der ebenfalls in erster Linie interpretierend zugänglich ist und mit der Frage „Was ist eine kulturell passende Schule?" umschrieben werden kann. Hier stehen folglich Werte und Normen, Bildungsauftrag und Bildungsziele im Zentrum des Interesses, die immer wieder aufs Neue diskursiv ausgehandelt werden müssen. Ein gegliedertes Schulsystem müsste, um das formulierte Beispiel erneut aufzugreifen, danach befragt werden, ob es den Grundsätzen der Demokratie, insbesondere der Freiheit, der Gleichheit und der Gerechtigkeit, entspricht oder nicht. Im Fall eines objektiven Zuganges kann die Teilfrage „Was ist eine effektive Schule?" angeschlossen werden. Effekte, die durch einen empirischen Zugang nachgewiesen werden können, sind in diesem Kontext von Bedeutung. Beispielsweise könnte auf diese Art und Weise untersucht und entschieden werden, ob ein gegliedertes Schulsystem mit Blick auf die *PISA*-Ergebnisse besser oder schlechter ist als ein Gesamtschulsystem. Und im Fall eines interobjektiven Zuganges lässt sich die Teilfrage „Was ist eine funktional passende Schule?" formulieren. Schule ist dabei als ein System neben anderen zu verstehen, mit denen es in einem Wechselwirkungsverhältnis steht. So lässt sich die Kontroverse um ein gegliedertes Schulsystem nur mit Blick auf politische, wirtschaftliche und viele weitere Entscheidungsfelder lösen. Eine Hauptschule, um das Gesagte an einem Punkt zu konkretisieren, kann noch so freudvoll, kulturell passend und effektiv sein. Es nützt alles wenig, wenn der darin erzielte Ausbildungsabschluss nicht reicht, um einen Arbeitsplatz zu bekommen und somit die Chance eröffnet, am gesellschaftlichen Leben teilzunehmen.

Kernaussage dieser Überlegungen ist, dass die Frage nach einer „guten" Schule komplex ist und differenziert bearbeitet werden muss. Eine einseitige Betrachtungsweise führt zwangsläufig zu einem Reduktionismus. Die in Anlehnung an *Ken Wilber* skizzierten Perspektiven können helfen, dieser Komplexität gerecht zu werden sowie Verkürzungen und Vereinseitigungen zu vermeiden. Diese Gefahr lässt sich an aktuellen schulischen Problemfeldern aufzeigen, wovon zwei exemplarisch herausgegriffen seien, nämlich *PISA*-Studien und Inklusionsdebatte:

Als im Jahr 2001 die Ergebnisse der ersten *PISA*-Studie veröffentlicht wurden, war der mediale Aufschrei in Deutschland groß und schon bald nimmt die Rede vom *PISA*-Schock ihren Lauf. In der internationalen Schulleistungsuntersuchung der *OECD*, die seit 2000 alle drei Jahre durchgeführt wird, schnitt Deutschland in der ersten Erhebung im Ländervergleich nur mittelmäßig ab, konnte jedoch in den darauffolgenden Durchläufen Boden gut machen. Für viele – Kritiker wie Verfechter – gilt *PISA* heute als Paradebeispiel für nachhaltige Veränderungen im Schulwesen. Ein gutes Abschneiden bei *PISA* wird häufig gleichgesetzt mit einer „guten" Schule. Dabei konzentriert sich *PISA* auf drei Bereiche, die mithilfe von Testaufgaben zu erfassen versucht werden. Diese sind Lesekompetenz, mathematische Kompetenz und naturwissenschaftliche Grundbildung. Die Verantwortung hierfür liegt federführend bei der *OECD*, die durch nationale Projektzentren unterstützt wird. Ziel der *PISA*-Studien ist, nicht nur eine Beschreibung des Ist-Zustandes zu liefern, sondern auch Verbesserungen im Schulsystem insgesamt auszulösen und letztendlich eine Entwicklung des „Humankapitals" herbeizuführen, wie es die *OECD* formuliert. Es überrascht nicht, dass sich zahlreiche Kritik an *PISA* entzündete, die im Wesentlichen vier Bereiche anspricht: Erstens wird die Zielsetzung kritisiert, die im Kern utilitaristisch und ökonomisch sei und dadurch dem traditionellen Bildungsdenken nicht gerecht werden könne. Dieser Gedanke kulminiert in den Begriffen „Humankapital" und „Bildungsstandards". Zweitens wird die Validität der Instrumente kritisiert, die einerseits an der sprachlichen Vielfalt der teilnehmenden Länder scheitern und andererseits kulturelle Besonderheiten einzelner Länder, wie beispielsweise das Multiple-Choice-Verfahren, bevorzugen würden. Besonders ein „teaching to the test" wird hier angemahnt. Drittens wird die Validität der Statistik kritisiert, weil zum einen durch die Ausschlussquote das Datenmaterial verfälscht würde und zum anderen die Unterschiede innerhalb eines Staates größer seien als die zwischen den Staaten, was mit Blick auf den angestrebten Ländervergleich nicht unproblematisch ist. Und viertens wird die Interpretation der Ergebnisse kritisiert, die selbst in den Reihen der *OECD* und ihrer nationalen Projektzentren zu Unstimmigkeiten geführt haben. Hier wird bemängelt, dass aus den Schülerleistungen gezogene Rückschlüsse auf das Schulsystem insgesamt nicht zulässig seien, weil das System noch viele andere Komponenten beeinflussen und bestimmen, die nicht von *PISA* erhoben werden. Davon sind vor allem Schlussfolgerungen mit Blick auf das gegliederte Schulsystem und das damit verbundene Problem der Bildungsgerechtigkeit und Chancengleichheit betroffen. Überträgt man diese Überlegungen auf das weiter oben angedeutete Quadrantenmodell von *Ken Wilber*, dann zeigt sich, dass *PISA* sicherlich wichtige Hinweise und Informationen liefert, um die Frage nach einer „effektiven" Schule beantworten zu können. Was *PISA* aber nur zum Teil oder aber gar nicht kann, ist Auskunft zu geben, wann eine Schule eine „freudvolle", „kulturell passende" und „funktional passende" Schule ist. Allerdings besteht nach Meinung von *Richard Münch* in „Globale Eliten, lokale Autoritäten" (2009) die Gefahr, dass die *PISA*-Studie über kurz oder lang dies können wird, weil sie zu einer Auflösung lokaler und historisch gewachsener Autoritäten, wie sie Lehrerverbände, Parteien und Ministerien bilden, führt und durch globale Eliten, bestehend aus Forschern, Managern und Unternehmensberatern, ersetzt werden. Diese konstituieren sich aus einem bestimmen Wissensparadigma und führen somit zu einer Transformation von Bildung in Humankapital und einer Transnationalisierung des Bildungswesens. *PISA* kann in diesem Sinn zu einer „self-fulfilling prophecy" nach dem Motto „PISA ist das Maß aller Dinge" werden. Mit Blick auf die Schulentwicklung sind die angedeuteten Verwerfungen als Herausforderungen zu sehen, geht es darin doch um die systematische und reflexive Weiterentwicklung der Einzelschule mit dem Ziel der Verbesserung von Schul- und Unterrichtsqualität.

Nun zur Inklusionsdebatte: Im Jahr 2008 wurde vom *Deutschen Bundestag* die „UN-Konvention über die Rechte von Menschen mit Behinderung" als Gesetz angenommen. Darin ist ein „inclusive education system" verankert, was zahlreiche Diskussionen nach sich zog und bis heute zieht: Zum einen wird darüber debattiert, ob dieser Leitgedanke mit „integratives Bildungssystem" übersetzt werden kann. Vor diesem Hintergrund sind die zahlreichen Auseinandersetzungen zu den Begriffen der Exklusion, der Separation, der Integration und der Inklusion zu sehen. Zum anderen verpflichteten sich die Unterzeichnerstaaten, dass „Menschen nicht aufgrund von Behinderung vom allgemeinen Bildungssystem ausgeschlossen werden und dass Kinder mit Behinderung nicht aufgrund von Behinderung vom unentgeltlichen und obligatorischen Grundschulunterricht oder vom Besuch weiterführender Schulen ausgeschlossen werden" – so der Wortlaut aus der amtlichen Bekanntmachung im Bundesgesetzblatt vom 31. Dezember 2008. Radikale Vertreter einer inklusiven Pädagogik folgern daraus, dass umgehend alle Sonder- und Förderschulen abzuschaffen sind. Dass dieser Schritt mit Problemen behaftet ist, liegt auf der Hand: Zahlreiche Sonderpädagogen sehen ihre Arbeit diskreditiert und viele Praktiker spüren eine Überforderung angesichts der damit verbundenen Aufgaben. Überträgt man diese Überlegungen auf das weiter oben angesprochene Quadrantenmodell von *Ken Wilber*, dann zeigt sich, dass die aktuelle Inklusionsdebatte durch rechtliche Vorgaben initiiert wurde und somit auf den Bereich des intersubjektiven Zuganges fokussiert. Allerdings ist auch festzustellen, dass mit Blick auf eine „effektive" Schule – trotz der zahlreichen Einzelstudien – der positive Nachweis einer Inklusion gerade und vor allem im Hinblick auf die vielfältigen Behinderungen noch fehlt. Hinsichtlich des subjektiven Zuganges zeigen Befragungen von Einzelschülern, dass behinderte Kinder an gemeinsamen Schulen nicht nur gute Erfahrungen machen und somit eine „freudvolle“ Schule infrage gestellt ist. Und auch aus systemischer Perspektive ist offen, ob allein der Ruf nach einer „Schule für alle“ ausreicht, um gesamtgesellschaftlich denselben Anspruch erreichen zu können. Insofern plädiert beispielsweise *Otto Speck* (2011), spezielle Schulen und Klassen im Sinn von Ausnahmeregelungen auch in Zukunft bereitzustellen, um zum Wohl des Kindes handlungsfähig bleiben zu können. Inklusion wird so zu einer Vision, die kleiner Schritte sowie einer fundierten wissenschaftlichen Begleitung und einer reflektierten praktischen Umsetzung bedarf.

Erneut ist mit diesem Problemfeld ein Thema angesprochen, das mit Bildungsgerechtigkeit und Chancengleichheit in Verbindung gebracht werden kann. Gerade in diesem Kontext bietet es sich aus erziehungswissenschaftlicher Sicht an, den Dialog mit der Theologie zu suchen. Im nachfolgenden Gespräch werden daher diese und ähnliche Frage thematisiert.

Der Dialog

ZIERER: Wenn man sich aktuell die Schuldiskussion anschaut, dann geht es in erster Linie um Kompetenzen, um messbare Aspekte. Vor diesem Hintergrund erscheint es auf den ersten Blick wenig gewinnbringend, sich als Erziehungswissenschaftler mit seinen Fragen an die Theologie zu wenden, weil diese Fragen dort nicht beantwortet werden können. Einzige Ausnahme dürften soziale Themen sein, in denen es unter anderem um Chancengleichheit und Gerechtigkeit geht. Hier kann es ohne Zweifel sinnvoll sein, Erziehungswissenschaft und Theologie in einen Dialog zu bringen.

MARX: Schule ist ein besonderes System, das sich im Laufe der Zeit sehr verändert hat. Es lassen sich unterschiedliche Schulkonzeptionen durch die abendländische Geschichte hindurch nachzeichnen. Mit der Einführung der Schulpflicht hat sich das Schulsystem in bestimmter Weise verfestigt: Alle müssen in die Schule gehen, an einem bestimmten Programm teilnehmen. Aber: Schule sollte doch nicht nur eine Kompetenzvermittlungsinstitution sein. Natürlich gehören Kompetenzen dazu. Ich möchte an das Sprichwort erinnern: „Non scholae, sed vitae discimus." Ursprünglich war es umgekehrt gemeint und als ironische Anspielung gedacht: „Non vitae, sed scholae discimus."

ZIERER: Richtig, von *Seneca*.

MARX: Ja, von *Seneca*: „Nicht für das Leben, sondern für die Schule lernen wir." Damit ist sicherlich ein Extrem angesprochen, das aber nicht absurd ist, sondern immer wieder Realität wird: Wir haben ein geschlossenes System und reagieren auf die Lehrer, die dann abfragen, ob jemand etwas auswendig gelernt hat. Das ist der Nürnberger Trichter: viel rein und dann schauen, was rauskommt. Schule so verstanden ist kein wirkliches, kein umfassendes Bildungsprogramm. Also: Was verstehe ich unter Schule? Damit sind wir bei dem Problem, das wir im Gespräch über Mensch und Bildung auch schon erörtert haben, dass die Institution die Menschen fungibel macht für bestimmte wirtschaftliche Erwartungen. Die Frage ist doch, ob und wie Lernen notwendig ist für die menschliche Entwicklung, für ein reifes, erwachsenes Menschsein und weniger, ob es in ein bestimmtes messbares Raster von ökonomischen Erwartungen passt. Mich hat immer wieder fasziniert, wie lange es braucht, bis ein Mensch erwachsen wird. Und manche werden es ja nie. Aber vielleicht sollte man auch ein bisschen Kind bleiben, das ist auch ein Punkt, der vielleicht nicht unwichtig ist: das Kind im Manne und das Kind in der Frau.

ZIERER: Dazu gibt es das schöne Zitat von *Erich Kästner*: „Nur wer erwachsen wird und ein Kind bleibt, ist ein Mensch.“

MARX: Ja, das ist richtig und darauf muss man achten. Wenn man die Entwicklung des Menschen beispielsweise mit der Entwicklung von Softwareprogrammen vergleicht, dann sieht man doch: Diese sind nach einem Jahr im Grunde überholt und die technische Entwicklung läuft in einer Geschwindigkeit, die atemberaubend ist. Aber ein Mensch braucht Jahre, um sich zu entwickeln, allein schon neun Monate, bis er auf die Welt kommt. Und dann Jahre, bis er sprechen kann, und wieder Jahre, bis er lesen und schreiben kann. Das ist unglaublich! Es ist eine Entschleunigung, die gar nicht dem Tempo entspricht, das wir im technischen, aber auch zum Teil im gesellschaftlichen Bereich erleben. Allein deswegen ist die Frage, was in der Schule eigentlich geschieht, eine wichtige und umfassende Frage. Insofern kann es nicht nur um Kompetenzen gehen. Das ist völlig abwegig. Es geht darum, dass jemand die Welt entdeckt, sich selber entdeckt, heranwächst und bis zu einem gewissen Schulabschluss einen Bildungsprozess erfährt, der jedoch ganzheitlich ausgerichtet sein muss und der mit dem Abschluss der Schule nicht beendet ist. Das System Schule deckt nur einen bestimmten Bereich dieser Phase ab. Vor diesem Hintergrund kommt der christliche Glaube natürlich schon wieder ins Spiel: Was ist Bildung? Wer ist der Mensch? Es kommen also auch andere Dimensionen des Menschseins, des Lernens, des Sich-Verhaltens ins Spiel. Das muss dem Kompetenzbegriff nicht widersprechen. Wie gesagt, sprechen zu lernen, andere Sprachen zu lernen, bestimmte Begrifflichkeiten analysieren zu können, mathematisches und naturwissenschaftliches Denken gehören zu den menschlichen Fähigkeiten, zu den menschlichen Dimensionen hinzu, aber das ist nicht alles. Nicht das System ist das Entscheidende, sondern die Fragestellung: Was dient der Entwicklung der Kinder? Das System ist hilfreich oder sollte hilfreich sein, aber es war nicht immer hilfreich. Es gab auch eine unangemessene Form von Disziplinierung und es gab auch Schule als Schreckensort. Das ist geradezu ein Widerspruch zu dem, was wir eigentlich intendieren, nämlich dass die Menschen ihre Möglichkeiten entfalten und zwar auch im Blick auf das ganze Leben: „vitae discimus".

ZIERER: Der Hinweis auf das Schulsystem ist durchaus interessant und ich will ihn später an drei Punkten noch einmal aufgreifen, wenn es erstens um Hauptschulen geht, zweitens um Elitenbildung und drittens um die Inklusionsdebatte. In all diesen Kontexten wird viel über das Schulsystem gesprochen und diskutiert. *PISA*-Forscher und in diesem Sinn strenge Empiriker, um eine derzeit einflussreiche Richtung im erziehungswissenschaftlichen Diskurs herauszugreifen, würden hier argumentieren: Natürlich macht das Schulsystem etwas aus und ist entscheidend. Ich komme darauf noch zurück. Zunächst finde ich an der Stelle den Hinweis von Ihnen wichtig, dass es in der Schule um mehr gehen muss, als um die Vermittlung von Kompetenzen. Aus der Geschichte der Schule ist bekannt, dass Schule und Kirche am Anfang sehr stark miteinander verbunden waren, dass kirchliche Einrichtungen es sich häufig zur Pflicht gemacht haben, Schulen zu gründen, den Armen zu helfen, aber auch den besser Situierten zu helfen. Wenn man so wollte, dann ist davon heute, einmal übertrieben formuliert, nicht mehr viel übrig. Es gibt noch einzelne katholische Schulen und auch katholische Hochschulen. Aber der frühere Einfluss und Stellenwert ist dahin. Zu Recht? Oder was zeichnet Ihrer Meinung nach eine katholische Schule im Vergleich zu einer anderen Schule aus?

MARX: Das ist gar nicht so einfach zu beantworten. Zunächst einmal, meine ich, sollte es nicht allein das Religiöse sein, sondern in einer katholischen Schule sollten die jungen Menschen in einer breiteren Perspektive angeschaut werden. Es muss um eine ganzheitliche, umfassende Persönlichkeitsbildung gehen und dazu gehört auch die religiöse Bildung. Im Grunde gehört zu einer katholischen Schule das, was wir Evangelisierung, Missionierung nennen. Diese Evangelisierung kann nicht nur die Weitergabe des Glaubens bedeuten. Sie bedient nicht nur ein religiöses Segment im Menschen in dem Sinn: Da gibt es irgendetwas Religiöses, einen kleinen Teilbereich im Gehirn, und den befriedigen wir mit Christentum oder mit Islam oder einer anderen Religion. Nein: Das Christentum versteht sich anders. Es versteht sich nicht als Befriedigung religiöser Bedürfnisse, sondern als Aufklärung. Das hat schon *Benedikt XVI.* mehrfach formuliert: Christentum heißt, wir stellen das gesamte Feld des menschlichen Lebens in ein neues Koordinatensystem. Insofern dürfte eine katholische Schule nicht bloß sagen: Wir geben eine Stunde Religionsunterricht mehr. Das wäre zu wenig und ist nicht das Entscheidende. Der Punkt muss sein, ob ich das gesamte Feld von Leben, Kultur, Wissen, Miteinander in den Horizont des Evangeliums hineinstellen kann, ob ich alle Bereiche, selbst die Naturwissenschaften, noch einmal befragen kann und noch einmal in Konfrontation oder in Begegnung mit dieser Fragestellung bringen kann. Das muss nicht jeden Tag sein oder in jeder Stunde, das ist selbstverständlich. Aber es muss grundlegend dieses Koordinatensystem geben, wo man spürt: der Glaube, das Evangelium ist ein Licht, das mir hilft, alle Bereiche des menschlichen Lebens und Wissens anzuschauen. Das bedeutet natürlich nicht, diese Bereiche zu „ideologisieren“, also nicht die Wahrheit dieser einzelnen Bereiche zu manipulieren, aber sie in ein neues Licht zu stellen, sie noch einmal zu beleuchten. Das wäre in meinen Augen etwas, was eine katholische Schule in besonderer Weise tun sollte. Und sie müsste wirklich von den Möglichkeiten der Kinder ausgehen. Dazu muss sie erst einmal eine gute Schule sein und eben diesen Rahmen in einer besonderen Weise stecken. Ich muss hinzufügen: Die meisten Kinder gehen aktuell nicht auf eine katholische Schule. Aber in der gegenwärtigen Situation unseres Landes und auch der Kirche kann ja dann nicht die Lösung sein, noch mehr katholische Schulen haben zu müssen. Das könnten wir auch gar nicht finanzieren. Insofern brauchen wir in allen Schulen, nicht nur in den katholischen, einen Horizont, der den Kindern hilft, das zu entfalten, was in besonderer Weise in der Religion thematisiert wird: die grundsätzlichen Fragen des Menschseins und des – philosophisch gesprochen – guten Lebens. Es ist zwar nur eine kleine Anzahl von Kindern und Jugendlichen, die katholische Schulen besuchen; aber ich bin froh darüber, dass wir diese Schulen haben und sie können Leuchtturmprojekte sein für andere, das würde ich mir wünschen.

ZIERER: Diese Wirkkraft, die von einzelnen Schulen grundsätzlich ausgehen kann, in unserem Kontext von katholischen Schulen, wäre wünschenswert und erstrebenswert. Dennoch ist eine solche Wirkkraft nicht einfach zu erreichen: Katholische Schulen müssen sich an staatliche Vorgaben und dergleichen genauso halten wie jede andere

Schule auch. Insofern muss ich noch einmal nachfragen: Wenn eine Schule eine katholische Schule sein will, dann muss sie über diese staatlichen Vorgaben hinausgehen beziehungsweise sie in einer besonderen Art und Weise interpretieren. Sie haben es einmal deutlich gemacht mit diesem ...

MARX: Horizont.

ZIERER: Ja, Horizont, der das ganze Spektrum umfasst, der ein Koordinatensystem aufspannt.

MARX: Eine Möglichkeit besteht darin, Schulentwicklung zu betreiben und der Einzelschule ein eigenes Profil mit eigenen Zielvorstellungen zu geben. Das ist im Rahmen der staatlichen Vorgaben möglich, ja sogar erwünscht. Ich erwarte mir von katholischen Schulen, dass sie nicht einfach nur das machen, was staatlich vorgeschrieben ist, sondern dass sie ein eigenes Programm entfalten, einen eigenen Schwerpunkt setzen. Das mag und kann sogar unterschiedlich sein. In diesem Zusammenhang ist an geschichtliche Traditionen zu erinnern, die es an den Schulen gibt. Oder nehmen Sie eine Schule, die in einer Ordenstradition steht. Die muss natürlich diese Tradition in besonderer Weise verlebendigen und sich damit auseinandersetzen. Oder nehmen Sie eine Schule, die sich aus ihrer Tradition heraus in besonderer Weise der Mädchenbildung verpflichtet weiß. Infolgedessen ist diese Idee, dass sich die Schulen selber auf den Weg machen müssen, wichtig: In der Gemeinschaft der Eltern, der Lehrer, der Schülerinnen und Schüler ist immer wieder neu zu überdenken, was das eigentlich ist, was unsere Schule ausmacht. Wir haben sehr viele von Kommissionen erarbeitete Texte zum Thema, es gibt Zertifizierungen und Qualitätssicherung. Auch von der *Deutschen Bischofskonferenz* liegt eine Reihe von Texten vor, was eine katholische Schule ausmacht. Aber die Umsetzung ist doch das Entscheidende! Wie kann man diese Qualitätsmerkmale den Schulen so vermitteln, dass sie an einem Schulentwicklungsplan arbeiten können, dass sie es umsetzen können in ihrer konkreten Situation. Schule ist ein Weg, der immer wieder neu beschritten werden muss. Und es gehört für eine katholische Schule dazu, dass sie sich in besonderer Weise der großen christlichen Tradition verbunden weiß, dass sie den Kontakt auch zur Kirche hält. Aber das Wichtigste ist, dass sie eine gute Schule in allen Bereichen ist, sonst wird das nicht überzeugend sein.

ZIERER: Sie haben darauf hingedeutet, dass sich eine katholische Schule nicht nur oder nicht in erster Linie im Religionsunterricht zeigen muss, sondern im ganzen Horizont des Schullebens erkennbar sein muss. Erst dann kann eine katholische Schule zu einem Leuchtturm werden und eine größere Wirkkraft erzeugen. Wenn jetzt Lehrkräfte einer staatlichen Schule in eine katholische Schule gehen und sich Unterricht anschauen: Was wäre dann beispielsweise das Besondere an einem Mathematikunterricht in einer katholischen Schule?

MARX: Ich hoffe, dass man einen Unterschied erkennen kann. Das Gesamtfeld Schule sollte schon so prägend sein, dass man weiß und auch erkennt, dass hier gemeinsam in einem Horizont gearbeitet wird, wo die letzten Fragestellungen auch berührt werden können. Im Physikunterricht zum Beispiel, meine ich, sollte man auch über die Frage Naturwissenschaft und Theologie sprechen, und wenn man dazu den Religionslehrer einlädt oder einen Theologieprofessor, dann ist das natürlich optimal: Was ist denn Raum und Zeit? Was bedeutet das physikalisch und was bedeutet das theologisch in diesem Kontext? Ich erwarte, dass solche Grenzgänge gemacht werden, dass eine gewisse Interdisziplinarität praktiziert wird. Besonders die theoretische Mathematik hat ja durchaus etwas zu tun mit Philosophie. Man rechnet schließlich sogar mit dem „Unendlichen". Ein anderes Beispiel: Im Geschichtsunterricht erwarte ich, dass man nicht einfach die Profangeschichte abhandelt, ohne den Blick auf die Geschichte des Christentums und auch die religiöse und künstlerische Aktivität zu werfen. Es gibt folglich in allen Feldern Berührungspunkte mit dem Bereich des Glaubens und das gehört als systematische Fragestellung mit hinzu. Man kann doch beispielsweise keinen Kunstunterricht machen, ohne zu fragen: Was hat eigentlich Kunst mit Transzendenz zu tun? Kunst ist doch eine wesentliche Möglichkeit des Menschen, über sich hinaus zu denken und etwas darzustellen, was mehr ist als die Zusammensetzung von Farben auf einer Leinwand. Das ist doch schon eine grundsätzliche philosophisch-theologische Frage, ob der Mensch etwas schafft, was größer ist als er selber, obwohl er es gemacht hat. Ich könnte mir viele Fragestellungen vorstellen, die gerade in einer katholischen Schule, natürlich dann unterschiedlich in den verschiedenen Jahrgangsstufen, besprochen werden.

Auch die soziale Dimension wäre mir in diesem Zusammenhang besonders wichtig. Wir haben beispielsweise die Compassion-Projekte, in denen Schülerinnen und Schüler für zwei Wochen in eine soziale Einrichtung gehen und Erfahrungen sammeln. Diese Projekte gibt es durchaus auch an anderen Schulen, aber sie wurden und werden doch gerade von katholischen Schulen vorangetrieben. Hier ist die Offenheit für die Armen, die Sensibilität für die Wunden der Gesellschaft, also soziale Gerechtigkeit ein ganz wichtiger Punkt. Es darf nicht sein, das war in der Vergangenheit manchmal leider der Fall, dass katholische Schulen Eliteschulen für die Reichen waren. Und zwar auch aus dem Grund, weil sie anders gar nicht hätten finanziert werden können. Man wollte die Eliten christlich prägen, was nicht immer gelungen ist. Jedenfalls das Konzept einer Schule für die, die es sich leisten können, könnte ich nicht akzeptieren. Das finde ich bedenklich und wenn das die Tradition der katholischen Schule allein wäre, dann wäre ich damit nicht einverstanden. Das möchte ich nicht befördern.

ZIERER: Ich würde an der Stelle gern ein erstes Zwischenfazit ziehen. Wir haben bisher eine Reihe von Aspekten angesprochen, die allesamt um die Frage kreisen, was eine gute katholische Schule ist, und vielleicht gelingt es uns auch in diesem Gespräch, diese Frage umfassend zu beleuchten. Sie ist durchaus die Kernfrage aktueller schulpädagogischer Überlegungen. Ein Punkt, den wir ausführlicher angesprochen haben, scheint mir besonders wichtig zu sein. Und er gilt nicht nur für katholische Schulen, sondern für alle Schulen: Sie haben von Interdisziplinarität gesprochen. Ich würde daran den Begriff des Horizonts, der Horizontverschmelzung, des Fächerübergreifenden anschließen. Damit verbindet sich das Bemühen, alle Inhalte, die man im Unterricht behandelt, sei es in Mathematik, Kunst, Sport, Deutsch oder wo auch immer, vor dem Hintergrund einer Sinnfrage zu betrachten und damit in Verbindung zu bringen. Ich denke, dass das schon ein besonderer Anspruch einer Schule ist, der häufig nicht erfüllt wird. Im epistemologischen Quadrantenmodell von *Ken Wilber*, mit dem ich im Einleitungskapitel die Frage nach einer guten Schule zu beantworten versucht habe, wäre dieser Anspruch im intersubjektiven Quadranten zu sehen und insofern ein wichtiges Kennzeichen einer kulturell passenden Schule.

MARX: Ja, das ist richtig. Was waren die anderen Bezeichnungen gleich wieder? Freudvolle Schule?

ZIERER: Ja.

MARX: Das ist ein Widerspruch in sich! Freudvolle Schule!

ZIERER: Das macht nichts. Mit Widersprüchen muss man umgehen lernen.

MARX: Ich denke, je älter ich werde, dass Schule auch in gewisser Weise ein Zwangssystem ist – vor diesem Hintergrund die ironische Bemerkung. Aber: Muss es das sein? Muss Schule ein Zwangssystem sein? Wahrscheinlich ja. Aber von meinem Herkommen her sage ich: Man kann alles hinterfragen. Also: Muss das so sein? Beispielsweise dieses Klingeln. Das hat mich schon als Kind aufgeregt. Alle 45 Minuten dieses Rennen und Laufen.

ZIERER: Überspitzt formuliert könnte man behaupten: Das ist Behaviorismus und der Pawlowsche Hund – Speichelfluss beim Schüler, wenn der Pausengong ertönt.

MARX: Ich bin kein Erziehungswissenschaftler, der dazu Unmengen an Literatur gelesen hätte, sondern ich reflektiere einfach nur kritisch. Jedenfalls komme ich zu dem Ergebnis: Man müsste Schule doch einmal anders konzipieren. Die ganzen Schuldebatten der letzten Jahre, über Hauptschule, achtjähriges Gymnasium und was weiß ich noch was: Das ist doch oft absurd! Man muss doch davon ausgehen, was den Kindern dient. Haben wir Erkenntnisse darüber, wie Kinder am besten lernen in diesem ganzheitlichen Sinn, wie wir uns das vorstellen? Natürlich muss es Fächer geben – oder muss es nicht doch mehr fächerübergreifend sein? Wir haben gerade darüber gesprochen: Es muss verstärkt in Projekten, in kommunikativen Prozessen gearbeitet werden. Viele halten schon eine Doppelstunde für eine ganz tolle Sache und sehen das schon als einen Fortschritt in der Schulentwicklung. Sicherlich kann man in einer Doppelstunde mehr entfalten. Aber im Grunde ist das noch die falsche Frage. Man denkt viel in den traditionellen Schemata. Das tun wir in der Kirche auch und sicherlich hat das auch seinen Sinn. Aber ich frage den Pädagogen, ich frage Sie zurück: Muss das so sein? Kann man Schule nicht auch anders entfalten? Natürlich brauche ich Mathematik und Physik. Aber muss man nicht mehr von den Bedürfnissen und Möglichkeiten des Einzelnen ausgehen und nicht von diesen schematischen Einteilungen, in die man alles andere hineinpresst – letztendlich sogar die Kinder und Jugendlichen? Man geht von Inhalten aus, die man absolvieren muss, und nicht vom Menschen. Das ist vielleicht etwas kühn formuliert, aber ich werde kritischer im Blick auf das, was als selbstverständlich vorausgesetzt wird. Meiner Einschätzung nach ist in den letzten Jahren mehr Bewegung in der Pädagogik, das nehme ich von außen war. Man fragt öfter: Muss die Gliedrigkeit sein? Hauptschule, Realschule, Gymnasium – das wird manchmal zu sehr zu Glaubensbekenntnissen hochgezogen. Streng genommen ist das aber doch nicht der Hauptpunkt, sondern: Schaffen wir vernünftige Lerngemeinschaften, in denen das erreicht wird, was wir unter Bildung verstehen? Sind die Systeme, in denen wir arbeiten, dafür geeignet oder können sie sich dahin entwickeln? Unsere Bildungssysteme müssen immer wieder neu angeschaut werden, um abschätzen zu können, ob sie das tun, was sie sollen, ob sie das Bildungsziel erreichen. Hierfür ist es wichtig, dass gemessen wird. Nur so kann ich einiges abschätzen, aber sicher nicht alles. Insofern habe ich auch nichts gegen messbare Abschlüsse, ein Abitur oder gegen Noten. Ich bin kein Bildungsromantiker. Insgesamt, glaube ich, ist schon etwas in Bewegung gekommen, was zu meiner Schulzeit jedenfalls nicht da war.

ZIERER: Ich bin Ihnen noch eine Antwort schuldig: Nein, Schule muss nicht so sein, wie sie ist. Das lässt sich an anderen Kulturkreisen auch gut beobachten. Ein Grund, warum Schule so ist, wie sie ist, ist in der „Ideologisierung“ zu sehen, die Sie in diesem Zusammenhang erwähnen. „Ideologisierung“ hat viel mit Traditionen und Geschichte zu tun. In der Diskussion kommt diese historische Perspektive immer wieder vor und es ist schwer, sie auszuklammern, hat sie doch auch ihren Sinn, wie Sie ebenfalls angedeutet haben. Das zeigt sich am Fächerkanon, aber auch am Schulsystem selbst. Insofern möchte ich nochmals darauf zurückkommen. Denn ich bin mir nicht sicher, ob diese inhaltlichen und auch diese methodischen Fragen, wie Projektwochen, fächerübergreifendes Lernen oder auch Betriebspraktika, die es in vielen Schulformen gibt und die genau diesen Anspruch, den Sie deutlich gemacht haben, versuchen umzusetzen, ob also diese Fragen nicht doch Systemfragen sind. Wenn man den Diskurs in der Erziehungswissenschaft verfolgt, dann gibt es nun einmal zwei Lager: Die eine Seite hält an der Dreigliedrigkeit im Schulsystem fest und will weiterhin Hauptschule, Realschule und Gymnasium. Die andere Seite favorisiert die Gesamtschule.

MARX: Ich sage noch einmal, dass das nicht das bestimmende Thema sein darf. Wichtiger erscheint mir die Frage: Gibt es eine Möglichkeit des Übergangs in den Systemen? Sind sie flexibel von den Schülern her gedacht? Warum soll beispielsweise das Schulsystem nicht fünfgliedrig sein? Entscheidend ist, dass die Übergänge funktionieren. Sind das geschlossene Systeme oder ermöglichen sie dem Schüler einen Wechsel? Ein Schüler kann mit acht, zehn oder zwölf Jahren unterschiedliche Entwicklungsschübe haben. Dann muss er wechseln können. Das ist heute ja auch durchaus der Fall. Aber es ist nicht die Regel und auch nicht das Einfachste. Insofern muss es intensiviert werden. Ich merke und begrüße sehr, dass zum Beispiel der Kontakt zwischen Kindergarten und Schule viel intensiver ist, als er es früher war. Das ist der richtige Weg! Schon allein diese Diktion, dass man sagte: Jetzt bist du in der Schule und jetzt beginnt der Ernst des Lebens. Das ist doch abenteuerlich! Als wäre vorher gar nichts gewesen. Nur Spielerei. Aber jetzt geht es los! Jetzt musst du aufpassen und mitmachen! Zum Glück der Kinder haben wir das doch etwas überwunden. Ich glaube schon, dass man Schwerpunkte in der Gliederung der Schulen braucht, aber die Übergänge müssen so gestaltet sein, dass ein Wechsel, der immer schwierig ist, möglichst harmonisch und barrierefrei verlaufen kann.

ZIERER: Wie könnte vor dem Hintergrund Ihrer Ausführungen eine Elitebildung aussehen, die für viele wichtig ist, die aber auch kontrovers diskutiert wird?

MARX: Eine reine Elitebildung halte ich für nicht angemessen. Wir sind dankbar für jede Begabung, weil jeder Mensch ein Geschenk an die ganze Welt ist. Es wäre also sozialethisch, in gewisser Weise dann auch ökonomisch, außerordentlich unvernünftig und auch moralisch verwerflich, jemandem, der besondere Leistungen erbringen kann, diesen Weg zu versperren und ihm nicht zu entsprechenden Möglichkeiten zu verhelfen. Das ist eine klare ethische Weisung. Aber muss das gleich eine abgekapselte Elitebildung sein? Dahinter steckt ein Blick, der mir nicht gefällt: „Wir sind etwas Besonderes." Die pädagogische Grundperspektive ist für mich wichtig und das Entscheidende: In einer Schule, die auch gegliedert sein kann, muss die

Förderung des Einzelnen, die Förderung seiner Möglichkeiten im Mittelpunkt stehen. Dann, denke ich, kann das auch zu einer im positiven Sinn verstandenen großen Leistung führen.

Darüber hinaus: Was heißt „Elite“? Elite zeigt sich nicht nur in ein paar ausgewählten Bereichen und Dimensionen. Was ist mit einer moralischen Elite? Oder umfasst Elite nur eine Wissenselite? Das kann ja nicht sein. Wenn wir unseren Bildungsbegriff, von dem wir gesprochen haben, ernst nehmen, dann muss ich von der Gesamtperspektive ausgehen. Man müsste das ganze Feld anschauen und sagen: Können wir die menschliche Entwicklung voranbringen? Und vor diesem Hintergrund könnte man in der Schule Schwerpunkte setzten. Man kann sagen: Wir haben einen Leistungskurs, einen Leistungskurs Plus oder was man noch anfügen kann. Warum denn nicht? Es muss einer nicht deswegen auf den Thron gehoben werden, sich von allen anderen absetzen und sozusagen King of the Kings spielen, weil er in ein paar Fächern besonders viel weiß, besonders begabt ist. Darum geht es nicht. Vielmehr geht es darum zu sagen: Wir haben beispielsweise eine Gruppe und die geht an mathematische Fragen heran, die nur ein paar Schüler schon bearbeiten können. Aber für sie nehmen wir uns die Zeit. In einer katholischen Schule würde ich mir das wünschen. Dafür braucht man natürlich geeignete Personen. Womöglich sind es nur drei oder vier Schülerinnen und Schüler, aber für die machen wir das jetzt, weil die in diesem Bereich wirklich spitze sind. Wenn ich die in der normalen Klasse lassen würde, dann würden sie nicht zu den Dingen vorstoßen, zu denen sie in der Lage sind. Genau das kann ich in anderen Bereichen ebenso machen. Ich würde eher sagen, dass man keine reinen Eliteschulen schaffen sollte, sondern eine Förderung für den Einzelnen. Das Denken von den Möglichkeiten der Kinder her muss im Mittelpunkt stehen – was sowohl die Schwächeren als auch die Stärkeren angeht. Dazu muss eine Schule die institutionellen Voraussetzungen schaffen und nicht durch die starre Systematik daran gehindert werden, so dass die Begabung des Einzelnen auf der Strecke bleibt. Grundvoraussetzung dürfte hierfür die intensive Kenntnis der Schüler sein und damit verbunden ein intensives Lehrer-Schüler-Verhältnis.

ZIERER: Das heißt, wenn ich Ihren Gedanken versuche zusammenzufassen: Eine optimale Förderung des Schülers unabhängig vom System, in dem er sich befindet.

MARX: Ja, das würde ich so sagen. Übrigens auch für die Hauptschule würde ich das sagen. Es ist doch nicht richtig, wenn jemand, der praktisch begabt ist, seine Fähigkeiten deswegen brachliegen lassen muss, weil er ständig gezwungen wird, etwas zu tun, was gar nicht seinen Begabungen entspricht. Das entspricht nicht dem „Elite"-Gedanken. Auch dieser Schüler kann zu seinen Möglichkeiten geführt werden, die dann zu besonderen Leistungen verhelfen. Davon bin ich überzeugt. Ja, ich würde sagen, die Förderung des Einzelnen, das Denken von den Möglichkeiten der Schüler her muss zentral sein. Daran wird womöglich kritisiert, dass wir doch Leistungsstandards haben müssen. Standards, ja, in gewisser Weise schon. Aber der Mensch ist kein Standard. Er ist je einzeln und hat verschiedene Möglichkeiten und Fähigkeiten. Jeder hat Fähigkeiten und Möglichkeiten, die manchmal verschüttet sind, nicht standardisierbar sind, nicht in vorgegebenen Rastern gemessen werden können.

ZIERER: Jetzt würde ich Sie gern mit ein paar empirischen Fakten konfrontieren und ich vermute, Sie entpuppen sich als Gesamtschulvertreter.

MARX: Vielleicht.

ZIERER: Aus den *PISA*-Studien weiß man zum Beispiel, dass die Dreigliedrigkeit des Schulsystems den sozio-ökonomischen Status der Kinder verhärtet und sogar weiter zementiert. Das heißt, Schüler aus einem schwachen sozialen Feld schaffen seltener einen höheren Bildungsabschluss. Diese Effekte treten in Gesamtschulen nicht auf. Das heißt, in Gesamtschulen ist es weniger wichtig, wie der sozio-ökonomische Status ist, entscheidend für das Weiterkommen ist die Leistung, die man erbringt. Gleichzeitig ...

MARX: Wie sind die Leistungen in den anderen Schularten? Das ist der Punkt.

ZIERER: Gleichzeitig weiß man auch, dass in Gesamtschulen die Spitze kleiner ist, als vergleichsweise im dreigliedrigen Schulsystem. Das heißt, die Eliten werden nicht so gut gefördert. *PISA* misst zwar nur die Kompetenzen in drei Bereichen, also in Mathematik, Naturwissenschaft und Lesen. Aber in diesen drei Bereichen weiß man, dass in einem dreigliedrigen Schulsystem die Spitze besser gefördert wird –

gleichzeitig aber auch die Schwachen weniger gefördert werden. Fasst man vor dem Hintergrund dieser empirischen Ergebnisse den momentanen Stand in der Diskussion zusammen, dann könnte man von einer Pattsituation sprechen: Die Gesamtschule hat Vorteile, die das dreigliedrige Schulsystem nicht hat, insbesondere im Hinblick auf soziale Benachteiligung. Das dreigliedrige Schulsystem hat Vorteile, die die Gesamtschule nicht hat, insbesondere im Hinblick auf eine Elitenförderung.

MARX: Wenn dem so ist, dann müsste man wahrscheinlich etwas kombinieren. In München-Pullach versuchen wir gerade ein Gesamtkonzept frühkindlicher und schulischer Bildung umzusetzen: Kinderkrippe, Kindergarten, Grundschule, die 5. Klasse der Hauptschule, Realschule und Gymnasium zusammen auf einem Gelände, aber nicht als Gesamtschule, sondern ein katholischer Bildungsort mit Differenzierungswegen, und mit der Möglichkeit eines ganzheitlichen Blicks auf die Bildungsbiographie. Das finde ich eine ganz gute Innovation. Dort dürfte dann auch aus psychologischer Sicht eine Durchlässigkeit leichter gegeben sein. Man ist unter einem Dach. Es gibt eine gemeinsame Schulpastoral. Man begegnet sich stärker, erlebt sich gegenseitig auch quer durch die Altersklassen und so weiter. Es gibt keine offensichtliche Deklassierung beziehungsweise Rangordnung oder so etwas – hoffentlich jedenfalls. Also, man müsste die beiden Systeme kombinieren können. Investition in Schule sollte allen Schülern auf verschiedenen Leistungsniveaus zu Gute kommen.

Auch wenn *PISA* in der öffentlichen Debatte umstritten ist: Ich muss erst einmal darauf vertrauen, wenn wissenschaftliche Untersuchungen da sind, die mir vermitteln, dass sich eben nicht erfüllt hat, was man dezidiert angezielt hat, dass beispielsweise breitere Schichten der Bevölkerung Zugänge zu höherer Bildung haben. Denn Begabung ist nicht sozio-ökonomisch verteilt. Das heißt, die Reichen sind nicht per se begabter oder die Gebildeten haben nicht von sich aus begabtere Kinder als die weniger Wohlhabenden mit anderen Schulabschlüssen. Es gibt viele Gründe, warum ein sozialer Aufstieg für die Menschen viel schwerer ist, die die keine Eltern mit akademischer Bildung haben. Umso mehr muss man, und das sage ich als Sozialethiker, aus ökonomischen und sozialethischen Gründen die Förderung derer, die Potenziale haben, in Gang bringen. Zudem ist es eine moralische Fragestellung, ob ich jemandem durch die bestehenden Strukturen möglicherweise Zugänge verbaue. Das ist nicht richtig. Auch aus christlicher Perspektive muss man die Möglichkeiten schaffen, dass jemand seine eigenen Begabungen und Fähigkeiten finden kann und die Barrieren, die dem im Weg stehen, muss man ausräumen. Das Gelingen hängt nicht von der Gliedrigkeit des Schulsystems ab. Eine Mehrgliedrigkeit jedoch, die verfestigt und Zugänge versperrt, kann nicht richtig sein. Und genauso wichtig ist zu sagen, dass ein Schulsystem, wenn es Schülern mit hoher Begabung verwehrt, diese zu entfalten, auch nicht richtig ist. Es kann also nur der Weg sein, vom Einzelnen auszugehen, eine große Durchlässigkeit zu erreichen, einen sehr klaren Blick auf die Stärken und Schwächen der Schüler zu richten und mit den Eltern besser zu kooperieren. Diese Zusammenarbeit zwischen Schule und Elternhaus ist ganz wichtig. Ich glaube, dass wir, insbesondere aus christlicher Sicht, eine Verpflichtung haben, auf den einzelnen Menschen zu schauen und denen, die es schwerer haben, zu helfen, ihre Begabungen einzubringen. Auch diese Menschen können der ganzen Gesellschaft etwas geben und so auch ihre eigene Persönlichkeit entwickeln.

ZIERER: Ich würde an das anschließen, was Sie eben gesagt haben, und gern auf dieser abstrakten Ebene bleiben. Mit Blick auf das Schulsystem stellt sich die Frage, welche Funktionen Schule haben kann, welche Leistungen sie vollbringen kann. Sie haben das kulturelle Kapital angesprochen. Dazu gehören die Bildungsabschlüsse der Eltern und indirekt auch der sozioökonomische Status sowie die Zeit, die sie sich für die Erziehung nehmen. Dieses kulturelle Kapital ist für den Bildungserfolg ausschlaggebend. Je mehr Zeit Eltern haben, je mehr Geld sie haben, je besser ihre Abschlüsse sind, desto größer ist dieses Kapital und desto höher ist die Wahrscheinlichkeit, dass die Kinder einen hohen Bildungsabschluss erreichen. Würde im Sinn einer katholischen Position folgern, dass das Bemühen der Schule sein muss, diese Unterschiede im kulturellen Kapital entweder zu erhalten oder zu beseitigen?

MARX: Es muss natürlich das gefördert werden, was da ist. Insofern muss man dankbar sein, wenn die Eltern all das Angesprochene mit einbringen. Und wenn jemand nicht aus diesem Hintergrund kommt, muss man versuchen, das auszugleichen, was möglicherweise nicht mitgebracht wird. Eine besondere Förderung der Schwachen ist eine Selbstverständlichkeit für eine katholische Schule. Das muss unbedingt sein.

ZIERER: Auf Kosten der Starken?

MARX: Ich glaube, dass das kein Nullsummenspiel ist. Man könnte natürlich sagen, wenn wir uns mehr um die Schwachen kümmern, dass dann die Starken leiden. Nun sind die Starken ja erstmal stark, so dass sie nicht unmittelbar unter einer Förderung der Schwachen leiden werden. Die entscheidende Frage ist: Wie konzipiere ich das? Kann ich zum Beispiel verschiedene Klassen auch innerhalb eines Systems bilden? Ich glaube nicht, dass die Förderung der Schwachen die Starken zwingend benachteiligt. Das würde im Umkehrschluss bedeuten, dass man praktisch immer alles in einem Klassenverband machen muss. Ein Klassenverband ist natürlich etwas, das wir auch im Rückblick auf unsere Schulzeit besonders genossen haben. Wir sind alle Klassenkameraden gewesen und haben meistens zusammengehalten. Das ist auch etwas Wichtiges. Aber es gehört genauso dazu, dass ich, wenn ich fördern will, auch Gruppen bilden können muss, die möglicherweise unterschiedliche Bildungsstandards erreichen. In der Oberstufe, wo es Leistungskurse und anderes gibt, wird das gemacht. In anderen Bereichen ist es jedoch auch möglich. Eine Differenzierung nach den Möglichkeiten der Schüler ist in Richtung der Begabteren und in Richtung der Schwächeren unabdingbar. Vielleicht kann für bestimmte Themen und Jahrgänge auch eine zeitweise Trennung in Jungen- und Mädchenklassen sinnvoll sein. Insgesamt wird dabei vieles von der Atmosphäre abhängen: Kein Mensch ist in allem schwach, sondern jeder Mensch hat seine Stärken. Und die gilt es zu fördern. Stärkung der Schwachen und Förderung der Begabten dürfen in einer Schule, erst recht in einer christlichen Schule, kein Widerspruch sein.

ZIERER: An der Stelle möchte ich wieder ein Zwischenfazit ziehen und mit Blick auf unser gemeinsames Anliegen, nämlich Theologie und Erziehungswissenschaft in einen Dialog zu bringen, die Frage beantworten, warum es in meinen Augen für einen Erziehungswissenschaftler sinnvoll ist, diesen Dialog zu suchen. Sie haben in Ihren Ausführungen deutlich gemacht, dass Schulsysteme, auch wenn man vieles messen und testen kann, doch sehr stark mit gewissen Wertfragen, mit ethischen Fragen verbunden sind. Hierzu liefert der theologische Kontext wichtige Überlegungen, weil genau diese Problemfelder, in denen es um Werte, um Sinn geht, eben nicht empirisch messbar sind, sondern hier der Diskurs, die argumentative Auseinandersetzung entscheidend und wichtig ist. Aktuell gibt es ein neues Thema, das genau auf dieser Problematik basiert und auch in der Kirche diskutiert wird. Ich spreche von der Inklusion. Dieses Thema ist nicht aus einem regionalen oder nationalen Bedürfnis heraus entstanden, sondern aus einem internationalen, transnationalen Geschehen. Die *UNO* hat sich auf die Behindertenrechtskonvention verständigt. Der Bundestag hat sie verabschiedet, mit der Folge, dass in Deutschland eine inklusive Schule umgesetzt werden muss.

MARX: Ich habe mich etwas gewundert, weil man nicht den Eindruck hatte, das sei vor Ort und mit allen Beteiligten intensiv diskutiert worden. Man kann doch nicht einfach Weltstandards setzen und dann meinen, das, was die *UNO* im Blick hat, gilt undifferenziert für die ganze Welt und kann einfach umgesetzt werden. Die *Kommission für Erziehung und Schule der Deutschen Bischofskonferenz* hat 2012 eine kritische Stellungnahme dazu verfasst und Empfehlungen zur „Inklusiven Bildung von jungen Menschen mit Behinderungen in Katholischen Schulen in freier Trägerschaft" abgegeben. Auch das *Zentralkomitee der deutschen Katholiken* hat sich mit dieser Fragestellung beschäftigt und 2012 die Erklärung verabschiedet „Gemeinsam lernen – Inklusion von Menschen mit Behinderung im Bildungswesen". In Bayern sind über die Hälfte der Schülerinnen und Schüler der Förderschulen an kirchlichen Förderschulen, und wir haben damit gute Erfahrungen gemacht. Natürlich gilt, dass Behinderte und Nicht-Behinderte zueinander finden müssen, dass man gemeinsame Projekte macht. Aber in jedem Fall zu sagen, wir schaffen alle Förderschulen ab und alles wird inkludiert in die Regelschulen, das halte ich für eine schwierige Vorstellung. Wiederum von dem Gedanken her: Was dient eigentlich den Kindern? Es geht hier nicht um Exklusion oder Inklusion. Das Entscheidende ist: Was dient den Kindern? Deswegen sind wir in dieser Frage als Kirche ein wenig skeptisch, ob das ein richtiger Weg ist. Über die Inklusion als solche will ich gar nicht sagen, dass sie kein guter Gedanke ist. Aber der Weg dorthin erscheint mir überstürzt, so ähnlich wie beim achtjährigen Gymnasium: Irgendeiner bringt die Idee auf und dann weiß keiner mehr genau, was eigentlich der Sinn war. Vielleicht war es die Idee: Man soll schneller in die Wirtschaft kommen, soll schneller in die Arbeit kommen. Jetzt jedoch merkt man, dass wir keinen Wehrdienst und keinen Zivildienst mehr haben. Somit kommen demnächst Siebzehnjährige an die Universitäten. Ich halte das für unüberlegt; man weiß gar nicht mehr genau, was eigentlich der Sinn des Ganzen war. In der Frage der Inklusion scheint mir das ähnlich zu sein: Man hat ein großes Programm weltweit aufgelegt. Wir sind der *UN*-Behindertenrechtskonvention beigetreten und jetzt muss man die inklusive Schule auf jeden Fall schaffen. Darüber sollte man aber sehr intensiv nachdenken: Was bedeutet Inklusion? Was dient den behinderten Kindern? Wie kann man Schwache und Starke zusammenführen? Was dient beiden am besten? Der Sinn sollte sein: Wir dürfen Behinderte nicht aus der Gesellschaft ausschließen. Die Frage ist dann: Wie gelingt das am Besten? Und eine weitere Frage ist: Was bedeutet Integration? Wer gibt da die Normen vor? Die Nicht-Behinderten? Dann käme man auch nicht zum Ziel.

ZIERER: Das ist aktuell die Position, die sich zumindest im erziehungswissenschaftlichen Diskurs herauszukristallisieren scheint: Viele, nicht alle, aber viele sind der Auffassung, dass zu schnell entschieden worden ist und womöglich das Wohl des Kindes aus den Augen verloren gegangen ist.

MARX: Ein Direktor eines Gymnasiums erzählte bei einer Gesprächsrunde zu dieser Frage, dass er eine Tochter mit Down-Syndrom hat und dass er somit selber betroffen ist. Die Tochter ist Anfang 20 und arbeitet in einer Behindertenwerkstatt. Sie war in der Förderschule. Als er jung war, dachte er, dass das Wichtigste sei, dass das Kind in die normale Schule kommt. Aber die Förderschullehrerin hat ihm damals deutlich gemacht, was das bedeuten könnte, und er hat sich dann doch entschieden, seine Tochter in die Förderschule zu schicken. Rückblickend, sagt er, bereut er das nicht, denn seine Tochter fühlt sich so wohl – auch und vor allem im Kreis derer, die mit ihr über viele Jahre zusammen sind. Und sie freut sich auch jetzt, wenn sie zur Arbeit in die Behindertenwerkstatt geht. Sie ist lebensfroh und positiv gestimmt. Jedenfalls war er als ein Betroffener genauso skeptisch wie ich gegenüber einer solchen Linie, die aktuell von einigen ziemlich rigoros verfolgt wird.

ZIERER: Empirisch kann man Ihre Skepsis gut absichern: Es gibt Studien, die behinderte Kinder in inklusiven und anderen, segregativen Bildungssystemen fragen, wo sie sich wohler fühlen. Das Ergebnis, das man sicherlich nicht pauschalieren kann, das aber doch zunächst einmal gewonnen wurde, ist in der Tat, dass sich Kinder häufig in Förderschulen wohler fühlen als in inklusiven Bildungssystemen.

MARX: Eine inklusive Beschulung kann doch auch Stress bedeuten.

ZIERER: Ja.

MARX: Ein Kind, das ständig unter Druck steht und irgendwann wahrnimmt: Ich bin anders und die anderen schauen mich an. Was bedeutet das für mich? Letztlich geben eben dann doch die Nicht-Behinderten den Ton an.

ZIERER: Ich finde an der Stelle den Punkt spannend, den Sie angedeutet haben: Weltweit wird etwas entschieden, was regional passieren muss. Das ist ein Phänomen, das *Richard Münch* (2009) herausstellt und zum Schluss kommt, dass mittlerweile globale Eliten lokale Autoritäten ersetzen.

MARX: Ja, das habe ich bei Ihnen gelesen. Das fand ich ganz gut. Das ist so ähnlich beim Bologna-Prozess im Hochschulbereich gewesen.

ZIERER: Genau.

MARX: Wir haben also jetzt auf einmal den Zwang, etwas machen zu müssen, was wir eigentlich nicht bestimmt haben. Man kann dieses Phänomen weltweit beobachten, in allen Bereichen. Im wissenschaftlichen Kontext mag es durchaus bestimmte Standards geben, aber die Vielfalt durch eine Standardisierung zu ersetzen, die von Leuten vorgegeben wird, die von uns gar nicht demokratisch legitimiert sind, die ganz anderen Interessen folgen, ganz anderen Verpflichtungen gegenüberstehen, das ist abenteuerlich. Es werden irgendwelche Vereinbarungen vorgelegt und in Gang gebracht, die kein Parlament ausdiskutiert hat. Da muss man sich wirklich wehren. Wir haben doch die Erfahrung gemacht, gerade vom Prinzip der Subsidiarität her, dass die Vielfalt kein Hindernis ist für Entwicklung, sondern vielmehr die Voraussetzung dafür. Vielfalt ist eine kreative Ressource. Vereinheitlichung ist nicht in sich schon positiv. Das ist doch eine reine Ideologie, zu sagen: Wenn wir alles vereinheitlicht haben, dann läuft es besser. In der Wirtschaft war das genauso mit der großen „Fusionitis“, die man vor einigen Jahren beobachten konnte: Je größer ein

Unternehmen, desto besser. So war die Devise und wir wissen heute: Das ist ökonomisch nicht richtig. Nicht die Großen sind unbedingt die Gewinner, sondern auch die Kleinen, die bestimmte Bedürfnisse schneller befriedigen können. In der Wirtschaft gilt das und genauso richtig ist das für unsere Vielfalt im Bereich der Bildung. Insofern sehe ich entsprechende Bestrebungen überhaupt nicht ein. Ein falsch verstandener Bologna-Prozess ist schon ein deutliches Fragezeichen und falsch verstandene „Inklusion" ebenso. Im Grunde ist das ein Trend seit den achtziger Jahren. Etwas polemisch formuliert: Im Bildungsbereich wird reguliert und reguliert. Nur bei den Finanzmärkten wurde dereguliert. Die Logik muss mir erst einmal einer erklären!

ZIERER: Ich teile Ihre Meinung zur Vielfalt und vertrete Ihre Position. Ich sehe das, was aktuell passiert, höchst problematisch. Leute, die gar nicht die Kontexte kennen, die auf ganz andere Interessen, Bedürfnisse und Intentionen fokussieren, versuchen nationale, regionale und lokale Geschehnisse und Verwerfungen mit Methoden zu steuern, die überhaupt nicht passen.

MARX: Wir hatten eine Tagung an der Katholischen Universität Eichstätt-Ingolstadt über „Vielfalt als Ressource" und ich habe mich deshalb intensiver mit dieser Frage beschäftigt. Im Grunde genommen geht die christliche Perspektive aus von der Lust Gottes auf Vielfalt, nicht auf Einheitlichkeit. Offensichtlich hat Gott Lust an der Vielfalt der Menschen, an den vielen Begabungen. Andernfalls hätte er uns alle gleich gemacht. Er hat auch Lust daran oder Freude daran, dass es Männer gibt und Frauen gibt. Wahrscheinlich kommen wir bis zum Ende der Welt nicht ganz dahinter, was er uns damit sagen will. Es kann nicht nur um die Fortpflanzung gehen, so phantasielos ist der liebe Gott nicht. Da ist mehr dahinter. Also, es ist Vielfalt. Regionale, sprachliche, kulturelle Vielfalt und die sollte man nicht zu sehr einebnen, sondern zu einer Ressource machen, die eben Möglichkeiten zum Vorschein bringt, die man mit Vereinheitlichung nicht hervorbringen kann.

ZIERER: Würde dieser Gedanke, übertragen auf das Schulsystem, bedeuten, dass man sich gegen eine radikale, transnationale Gestaltung und Steuerung aussprechen sollte, weil dadurch die angesprochene Vielfalt keinen Platz mehr hat?

MARX: Unbedingt! Subsidiarität, ein Prinzip der Katholischen Soziallehre, geht von einem bestimmten Menschenbild, vom Menschen als Person aus. Das Eigengewicht und die Eigenwertigkeit des Einzelnen in einer Gemeinschaft, in einer Gruppe ist wichtig. Der Einzelne soll das, was er selber organisieren kann, auch selber machen. Die Gruppe, die das auch machen könnte, soll dem Einzelnen das nicht nehmen und soll durch eine Zentralisierung von oben dieses Eigengewicht und diese Eigenwertigkeit nicht zerstören. Das gilt als Prinzip auch für das Verhältnis von Gruppen zum Staat, von Familie und Gemeinwesen und so weiter. Natürlich gilt zugleich das Prinzip der Solidarität: Wo der Einzelne oder die kleinere Gemeinschaft nicht zum Ziel kommt, soll „Hilfe zur Selbsthilfe“ greifen.

Natürlich gibt es äußere Setzungen, gibt es gewisse Standards. Aber die Zentralisierung in bestimmten Bereichen, basierend auf der Vorstellung, dass man damit die Menschen – etwas frech ausgedrückt – fungibler für die Erfordernisse des Kapitalismus machen könnte, wobei der Kapitalismus selbst von allen Regeln befreit wird, ist wirklich inakzeptabel.

ZIERER: Wir haben einige Aspekte diskutiert, die eine gute Schule auszeichnen. In meinen bereits erwähnten Überlegungen aus dem Einleitungskapitel zu diesem Gespräch gehe ich vom erkenntnistheoretischen Quadrantenmodell *Ken Wilbers* aus, wonach komplexe Fragestellungen einer differenzierten Betrachtung erfordern und dabei mindestens vier Perspektiven einzunehmen sind, um nicht reduktionistisch, verkürzend zu sein. Wir sind zum Teil schon darauf eingegangen, ich möchte es aber nochmals vorstellen, bevor ich Sie um Ihre Meinung dazu bitte: Die Frage, was eine gute Schule auszeichnet, ist meines Erachtens eine solch komplexe Fragestellung. Insofern muss zu ihrer Beantwortung erstens subjektiv argumentiert werden, um die Interessen, Bedürfnisse und Wünsche aller Beteiligten in den Blick nehmen zu können. Zweitens, und davon zu unterscheiden, ist ein intersubjektiver Zugang, der nach einem kulturellen Passen des Schulsystems fragt und insofern Werte und Normen, die in einer Gesellschaft diskursiv ausgehandelt werden und für ihr Bestehen unabdingbar sind, in den Mittelpunkt rückt. Darüber hinaus lässt sich eine Schule von außen empirisch und demzufolge mindestens in zwei Richtungen betrachten: Erstens objektiv, insofern nach Effektivitätskriterien gesucht wird. Hier ist die Frage leitend, ob eine Schule nachweislich und messbar ihre Ziele erreicht. Gelingt es einer Schule beispielsweise, ein Mindestmaß an Lesekompetenz allen Schülern der vierten Jahrgangsstufe zu vermitteln? Zweitens intersubjektiv, insofern nach Daten gesucht wird, die aufzeigen können, dass das System „Schule" im Sinn eines funktionalen Passens die Aufgaben, die ihr von anderen Systemen, wie beispielsweise Politik, Wirtschaft und Familie, anvertraut werden, erfüllt. Gelingt es einer Schule beispielsweise, alle ihre Absolventen für die Arbeitswelt zu qualifizieren? Infolgedessen wäre eine gute Schule eine Schule, die erstens freudvoll, zweitens kulturell passend, drittens effektiv und viertens funktional passend ist. Mich würde interessieren, wie Sie diese Perspektiven auf der Grundlage unseres Gespräches für eine katholische Schule andenken würden. Was zeichnet, kurz gefasst und an den genannten Leitfragen orientiert, eine gute katholische Schule aus?

MARX: Ich meine, dass eine katholische Schule im Sinne *Jesu* das Kind in den Mittelpunkt zu stellen hat. Natürlich sind auch die Wünsche und Bedürfnisse der Eltern und Lehrer im Blick zu behalten, aber für diese ist ja die positive Entwicklung der Kinder die größte Freude beziehungsweise Motivation zu lehren. Was als in der Gesellschaft diskursiv ausgehandelt gelten kann, frage ich einmal an. Die Gesellschaft ist schwierig zu fassen und von sich aus keine normative Größe. In einer katholischen Schule sollte der „kulturelle Horizont" des katholischen Glaubens und Lebens erkennbar sein. Katholisch wirklich im Sinne von weltoffen und weltumspannend, aber mit einer klaren Perspektive. Es reicht nicht, das als normativ gültig anzunehmen, was mehrheitsfähig oder „mainstream" ist. In der Frage der Effektivität sollte die katholische Schule mit allen vergleichbar sein. Mir wäre es sehr recht, wenn man sagen könnte: Da sind wir die Besten. Und zuletzt: Im Grunde erfüllt Schule dann die berechtigten Erwartungen, wenn sie den Schülerinnen und Schülern die Möglichkeit gibt, ihre Persönlichkeit ganzheitlich zu entfalten. Ein Zeichen dafür ist, wenn viele Absolventen oder Alumni später stolz auf ihre Schule sind und sie ideell und finanziell unterstützen.

Universität und Lehrerbildung

Die Einführung

Klaus Zierer

Rückblickend erscheinen die Worte des Altbundespräsidenten *Roman Herzog* aus dem Jahr 1997 visionär: „Setzen wir neue Kräfte frei, indem wir bürokratische Fesseln sprengen", betonte er am Ende seiner Rede auf dem Berliner Bildungsforum und er schloss mit den Worten: „Entlassen wir unser Bildungssystem in die Freiheit." Intention *Roman Herzogs* war eine Modernisierung des Bildungssystems, das sich in Zukunft durch sechs Eigenschaften auszeichnen muss: „das erstens wertorientiert und zweitens praxisbezogen ist, das drittens international und viertens vielgestaltig ist, das fünftens Wettbewerb zulässt und sechstens mit der Ressource Zeit vernünftig umgeht."

Inzwischen haben sich die Rahmenbedingungen in allen Bereichen des Bildungssystems verändert und den meisten dieser Forderungen wurde (scheinbar) Einhalt geboten. Hervorzuheben sind in diesem Zusammenhang Hochschulen und Universitäten, die einen tiefgreifenden Wandel vollziehen mussten und noch immer müssen. Grund hierfür ist nicht zuletzt der Bologna-Prozess und sich daran anschließende Reformen. Hochschulen und Universitäten sollen demzufolge marktwirtschaftlich organisiert werden und zu Unternehmen heranwachsen: Kommerzialisierung, Privatisierung, Profilierung und Globalisierung sind zentrale Herausforderungen in diesem Zusammenhang. Das Hochschulsystem wird zum Markt und der Wettbewerb zum Regler. Im Anschluss an *Michel Foucault* kann man die damit verbundene Setzung der Selbstregulation als eine neue Stufe des Regierens interpretieren. Aktuelle Entwicklungen zeigen jedoch, dass dieses Marktmodell nicht ohne Weiteres mit dem Wissenschaftsmodell in Einklang zu bringen ist. So ist beispielsweise nach wie vor unklar, wie die Rolle des Staates in diesem Prozess zu sehen ist. Beschränkt er sich im Sinn eines Dienstherren auf seine Aufsichts- und Kontrollfunktion oder versucht er marktstrategisch einzugreifen? Ebenso sieht sich die Freiheit in Forschung und Lehre, wie sie *Wilhelm von Humboldt* propagierte, immer mehr zurückgedrängt. Beim Bemühen, möglichst viele Drittmittel einzuwerben, muss man sich als Wissenschaftler an den Regeln des Marktes und nicht an den Regeln des Faches orientieren. In gleicher Weise regulieren Bachelor-Master-Studiengänge die Lehre in Form inhaltlicher und organisatorischer Vorgaben. Es liegt auf der Hand, dass angesichts dieser Entwicklungen kritische Stimmen laut werden und die Idee einer Wissenschaftsfreiheit in Gefahr sehen: Sind Hochschulen und Universitäten heute unfreier denn je?

Damit wird die Idee des Marktes selbst infrage gestellt, wie es am Beispiel der Exzellenzinitiative von Bund und Ländern deutlich wird. Wurde diese mit dem Ziel ins Leben gerufen, den Wettbewerb um die besten Standorte und somit um die besten Köpfe und Ideen zu forcieren und anhand eines unmissverständlichen Leistungsprinzips entsprechende Ressourcen zu vergeben, läuft sie Gefahr, den Wettbewerb selbst ad absurdum zu führen. Denn es besteht keine Chancengleichheit in diesem Kontext, sondern die Exzellenzinitiative bedient bereits bestehende Ungleichheiten und dadurch einen Monopolmechanismus. Dieser zeigt sich darin, dass die, die schon viel haben, noch mehr bekommen, und die, die wenig haben, noch weniger erhalten. *Robert K. Merton* (1968) hat dieses Phänomen als Matthäus-Effekt beschrieben. Kurz gesagt: Der Plan, den Wissenschaftsbetrieb in einen Markt zu überführen, scheitert am Marktmodell selbst.

Darüber hinaus besitzt dieser Markt keinen Preismechanismus, sondern nur ein Kennziffernsystem, das Standards setzt. Diese sind in erster Linie die Höhe bestimmter Drittmittel sowie die Anzahl von Peer-Review-Beiträgen in Zeitschriften mit angesehenem Impact-Faktor. Damit gerät die bereits angesprochene Idee der Selbstregulation in Kritik: Ihr Kernstück sind Statistiken, die nicht nur auf nationaler Ebene gewonnen werden, sondern zusehends auf transnationaler und supranationaler Ebene. Ein Beispiel sind in diesem Zusammenhang die *OECD* und die *Bertelsmannstiftung*, die über Statistiken und Rankings Einfluss auf die Weiterentwicklung des Wissenschaftsmarktes nehmen. Es entsteht eine Herrschaft der Zahlen, eine Numerokratie, die die Macht besitzt, zu selbst erfüllenden Prophezeiungen zu werden: Wer bestimmte Drittmittel einwerben will, muss sich an die entsprechenden Vorgaben halten und seine Anträge daraufhin ausrichten. Wer viele Aufsätze in den so genannten A-Journals unterbringen möchte, muss seine Forschung in möglichst kleinen Portionen in englischer Sprache publizieren und am besten die Finger von einer Monographie lassen. „Gaming the system“ wird diese Strategie von *James Rieley* (2001) genannt. Dass aber diese

Standardisierung und Metrisierung fragwürdig ist, und zwar sowohl mit Blick auf die Generierung als auch mit Blick auf die Aussagekraft, wird immer deutlicher: Es kommt, wie es *Richard Münch* in seinem Buch „Akademischer Kapitalismus" (2011) bezeichnet, zu einer Überforschung von im Trend liegender Themen bei gleichzeitiger Unterinvestition in risikoreiche Forschung. Originalität und Vielfalt in Forschung und Lehre geht verloren.

Es lohnt an dieser Stelle ein Blick zurück auf die „Gründungstexte" (2010) der Gründungsväter der Berliner Universität im 19. Jahrhundert, die in diesem Zusammenhang häufig als Vorbild, an dem festgehalten werden muss und das nicht „verkauft" werden darf, zitiert werden: *Johann Gottlieb Fichte*, *Friedrich Daniel Ernst Schleiermacher* und *Wilhelm von Humboldt*. Sie alle versuchten in ihren Schriften Einfluss auf die Neugestaltung einer Universität zu nehmen. Im Mittelpunkt dieses Diskurses standen drei Punkte:

Erstens die Autonomie der Universität bei gleichzeitiger Trägerschaft durch den Staat: Wissenschaft wird als ein noch nicht ganz gelöstes Problem gesehen und befindet sich daher immer im Prozess des Forschens. Aus diesem Grund muss Wissenschaft von staatlichen und gesellschaftlichen Interessen befreit werden, gleichzeitig aber auch auf finanzieller Sicherheit basieren. Diese ist vom Staat zu gewährleisten, der daraus aber keinerlei Machtansprüche ableiten darf.

Zweitens die Freiheit in Forschung und Lehre: Die eben angedeutete Zweckfreiheit von Wissenschaft impliziert die Freiheit in Forschung und Lehre, die sowohl für Lehrende als auch für Lernende Anspruch auf Gültigkeit erhebt. Jeder an der Universität soll selbst entscheiden können, welchem Gegenstand er sich mit welchen Methoden widmet.

Und drittens die Einheit von Forschung und Lehre: Wenn Wissenschaft als etwas Prozesshaftes und Unabschließbares gesehen wird, dann müssen Forschung und Lehre ineinandergreifen. Infolgedessen ist ein hierarchisches Verhältnis zwischen Studenten und Professoren durch ein kollegiales abzulösen.

Die Darstellung der Idee einer Wissenschaftsfreiheit, wie sie aktuell im Anschluss an *Johann Gottlieb Fichte*, *Friedrich Daniel Ernst Schleiermacher* und *Wilhelm von Humboldt* diskutiert wird, darf nicht enden ohne den Hinweis darauf, dass sie selbst nie verwirklicht wurde. Insofern kann man auch von einem Mythos sprechen.

Mit Blick auf die Intention der Reform scheinen sich beide dargestellten Positionen – die Idee eines Wissenschaftsmarktes und die Wissenschaftsidee im Anschluss an *Wilhelm von Humboldt* – nicht allzu sehr voneinander zu unterscheiden: Beiden geht es um Wissensevolution. In Anbetracht der angestellten Analyse und Kritik zeigt sich jedoch, dass die Wege zu diesem Ziel diametral auseinandergehen.

Es liegt auf der Hand, dass Lehramtsstudiengänge in besonderer Art und Weise von den skizzierten Entwicklungen betroffen sind: Sie ermöglichten eine Vielzahl von Fächerkombinationen und wurden durch ein Staatsexamen abgeschlossen. Mit dem Bologna-Prozess werden sie nun auf kompetenzorientierte, konsekutive und polyvalente Bachelor-Master-Studiengänge umgestellt, was allein schon aus organisatorischer Sicht Schwierigkeiten mit sich bringt, weil nahezu jedes Bundesland eigene Wege geht. Zu übersehen ist dabei nicht, dass in nahezu allen Fällen Lehrkräfte Angestellte oder Beamte eines Bundeslandes sind und sich allein deswegen die Regierungen verpflichtet fühlen, in die angedachte Autonomie der Universitäten einzugreifen. Zudem wird seit dieser Umstellung verstärkt das Verhältnis von Theorie und Praxis in der Lehrerbildung diskutiert und von Berufsfeldbezug gesprochen. Kerngedanke ist hier, dass angehende Lehrkräfte so früh wie möglich das an der Universität Gelernte in einem Berufsfeld, in der Regel in Schulen, anwenden sollen – was für Kritiker gleichzeitig ein Verlust an Wissenschaftlichkeit bedeutet und daran anschließend die Frage nach dem Ort der Lehrerbildung gestellt wird. Insofern stehen Art und Anzahl von Praktika zur Disposition, ebenso wie Inhalte und Dauer des Studiums. Beides ist in unmittelbarem Zusammenhang zur so genannten zweiten Phase zu sehen. Hinzukommen universitäre Bemühungen, durch Eignungstests frühzeitig nur diejenigen Personen für ein Lehramt zu gewinnen, die den damit verbundenen Anforderungen gewachsen erscheinen. Ob damit der Forderung eines lebenslangen Lernens, wie sie ebenfalls für den Lehrberuf erhoben wird, entsprochen werden kann, darf – auch angesichts der Komplexität des Menschen – bezweifelt werden.

Glaube und Religion sind von diesen universitären Entwicklungen in zweifacher Hinsicht direkt betroffen: Einerseits gibt es kaum eine Universität, in der es nicht auch ein theologisches Institut gibt. Andererseits ist die Katholische Universität Eichstätt-Ingolstadt die einzige katholische Universität in Deutschland, deren Großkanzler zudem der Erzbischof von München und Freising ist. Sie zählt ca.

5.000 Studenten, darunter auch viele mit Studienziel Lehramt. Im nachstehenden Gespräch soll infolgedessen auf zentrale Problemstellungen von Universitäten und Lehrerbildung heute eingegangen werden.

DER DIALOG

ZIERER: Herr Kardinal, Sie sind Großkanzler der Katholischen Universität Eichstätt-Ingolstadt. Zudem sind viele Universitäten, wenn man es historisch betrachtet, aus einem kirchlichen Kontext entstanden. Theologische Fakultäten waren lange Zeit die stärksten Fakultäten. Das ändert sich. Bereits vor diesem Hintergrund ist eine Verbindung zwischen Universität, Erziehungswissenschaft und Theologie gegeben. Ihre innere Nähe zeigt sich allein schon am Gründungsgedanken und an der Konstitution der Universitäten.

MARX: Ja, es ist so, dass das Christentum, darüber haben wir im Kontext von Mensch und Bildung schon gesprochen, eine Bildungsreligion ist, und insofern den ganzen Menschen anspricht, auf Erkenntnis ausgerichtet ist. Es ist erstaunlich, dass bereits die erste Phase der Christianisierung im ersten Jahrhundert innerhalb von ein, zwei Generationen dazu führte, dass praktisch der gesamte Mittelmeerraum vom Christentum berührt war. Zwar zunächst nur etwa drei Prozent, vier Prozent, aber es gab doch in jeder größeren Stadt eine christliche Gemeinde. Das Element der Bildung, des Lesens, des Hörens von Texten, auch der poetischen Verdichtung, war also von Anfang an gegeben. Und damit beginnt eine Auseinandersetzung, eine spannende Geschichte, auf die auch *Papst Benedikt XVI.* immer wieder hinweist und hingewiesen hat, so etwa in seinem Vortrag 1999 an der Sorbonne: Das Christentum hat das Gespräch und die Auseinandersetzung über die Wahrheit des Glaubens nicht im Dialog mit den anderen Religionen geführt, sondern im Dialog mit der Philosophie der jeweiligen Zeit. Wir könnten sagen: mit der intellektuellen Szene der damaligen Zeit. Man wollte das Christentum deshalb nicht verstehen als eine Fortsetzung der Religion mit anderen Mitteln, als eine Variante der Religion, sondern als Erkenntnis der Wahrheit. Das Christentum wollte sich vor der Philosophie intellektuell begründen. Also hat der christliche Glaube von Anfang an Theologie hervorgebracht, schon im Neuen Testament, als eine systematische Reflexion über das, was in *Christus* geschehen ist, und als Auseinandersetzung mit der Philosophie, das heißt mit dem, was damals als Wahrheitserkenntnis und Wissenschaft galt. Philosophie war über Jahrhunderte eigentlich der zentrale Ort der Wissenschaft und umfasste das gesamte Spektrum.

Deshalb ist die Entwicklung zur Gründung der Universitäten im Mittelalter durch die Kirche nur konsequent. Aber dabei kam noch etwas anderes zum Tragen: das in gewisser Weise demokratische Element des Christentums. Denn der Glaube öffnete allen den Weg zum Heil, nicht nur Privilegierten. In dieser Linie ist die Gründung der Universität im Mittelalter auch ein Befreiungsdatum. Es war eine Öffnung des Studiums für alle, nicht nur für den Adel. Der Zugang war grundsätzlich allen möglich – ermöglicht vor allen Dingen durch die Orden, besonders stark durch die Bettelorden, die Dominikaner, die Franziskaner im 12. und 13. Jahrhundert. Die Universität war ein Ort des freien Denkens, des Disputes, der geistigen Auseinandersetzung, und das ist etwas Unvergleichliches. Das hat es in keiner anderen Kultur in dieser Weise gegeben und da spielt, das kann man ohne weiteres sagen, die Theologie eine Schlüsselrolle. Deswegen hat sie auch zu Recht geschichtlich bei den Fakultäten an der ersten Stelle der Wissenschaften gestanden. Ich glaube, Kirche und auch Christentum insgesamt können nur eine Zukunft haben mit einer starken, wissenschaftlichen Theologie, mit einer Kraft der Reflexion, mit einer Verbindung von Glaube und Vernunft. Und dazu ist die universitäre Bildung ein wichtiger Ort. Deswegen betreiben wir auch katholische Universitäten und höhere Bildungseinrichtungen – weltweit über 1.700. Damit wird ein Akzent gesetzt und deutlich gemacht, dass der christliche Glaube sich dem Anspruch der Wissenschaft stellt, der Vernunft, dem interdisziplinären Austausch mit anderen Fragestellungen. Das, meine ich, ist ein ganz wichtiger Punkt.

ZIERER: Nicht zu vergessen sind die sogenannten Konkordatslehrstühle.

MARX: In Deutschland und insbesondere in Bayern war die Zusammenarbeit von Kirche und Staat durch viele Jahrhunderte sehr intensiv. Historisch betrachtet hat die Kirche in Bayern über lange Zeit zunächst die Aufsicht über das Schulwesen als kirchliche Aufgabe wahrgenommen und wurde deshalb auch bei der Besetzung aller Professuren an der staatlichen bayerischen Universität München-Ingolstadt gehört. In den letzten beiden Jahrhunderten hat der Staat auch in gewisser Weise zu Recht zunehmend das Schulwesen und alle damit zusammenhängenden Fragen (Lehrerbildung, Schulträgerschaft, Schulaufsicht) als staatliche Aufgaben wahrgenommen und übernommen – entsprechend verändert hat sich die Rolle und Funktion der Kirche in diesem Bereich. Unabhängig von diesen Fragen der Zuständigkeiten und der Aufgaben stellt sich aber die grundsätzliche Frage nach der Orientierung des Bildungs- und Schulwesens einer Gesellschaft. In der Bayerischen Verfassung steht immerhin die Ehrfurcht vor Gott als das erste der obersten Bildungs- und Erziehungsziele (BV Art. 131). Auch in anderen Landesverfassungen ist das so – insofern ist das ein Grundelement der gesamten Erziehung, das wird heute oft vergessen. Viele Länderverfassungen, die der Bildung Orientierung geben wollen, setzen in gewisser Weise das christliche Menschenbild voraus, ohne es jedem einzelnen vorschreiben zu können und zu wollen. Das wird in den aktuellen Diskussionen eher schamhaft verschwiegen. Insofern ist es nicht abwegig zu sagen: Es gibt eine gewisse Ausrichtung, die der Staat mit im Blick behalten will, auch wenn das heute sicher schwieriger zu vermitteln ist.

ZIERER: Sie haben zwei Punkte genannt, mit denen Sie, trotz Ihres historisch argumentierenden Einstieges, Zukunftsperspektiven eröffnen. Sie haben gesagt, das Christentum braucht erstens eine starke wissenschaftliche Theologie und zweitens eine Freiheit des Denkens an der Universität. Wenn man sich aktuell universitäre Entwicklungen anschaut, dann könnte man beides in Gefahr sehen. Ich möchte zunächst einmal auf „Bologna" zu sprechen kommen: Der Bologna-Prozess wurde durch transnationale Entscheidungen in Gang gebracht, die auf globaler Ebene gefällt worden sind und jetzt auf nationaler und somit auch deutscher Ebene zum Tragen kommen und Einfluss auf die Ausgestaltung des Bildungssystems nehmen. Ein Ziel des Bologna-Prozesses war, Theorie und Praxis stärker miteinander zu verknüpfen. Ich möchte an der Stelle bildungsphilosophisch argumentieren – und zwar gibt es die gerade in diesem Kontext wichtige Universitätstheorie von *Wilhelm von Humboldt*, wonach Bildung aber stets zweckfrei sein sollte, weil sich nur in einem zweckfreien Raum der Geist wirklich bilden, entfalten kann.

MARX: Hat es die *Humboldtsche* Universität wirklich je gegeben?

ZIERER: Die hat es nie gegeben, aber die Ideen hat es gegeben und an Ideen muss man sich reiben. Wie kann man „Bologna" vor diesem Hintergrund sehen?

MARX: Ich bin nicht der Fachmann für den gesamten Bologna-Prozess. Dennoch habe ich mich damit schon auch beschäftigt, einmal durch die Universität Eichstätt-Ingolstadt, aber auch durch die Diskussionen in der *Deutschen Bischofskonferenz*, oder weil ich als Erzbischof die entsprechenden Veränderungen in den Studienordnungen an der Katholisch-Theologischen Fakultät der Ludwig-Maximilians-Universität München mit genehmigen muss. Dabei geht es auch in der Theologie um die Modularisierung und um die einzelnen Studieninhalte, die abgesprochen werden müssen. Im Grunde genommen werden bei „Bologna" verschiedene Ziele verbunden, was nicht ganz gelungen ist: Einmal natürlich sich stärker international anzugleichen. Aber die Studiensituationen sind verschieden geblieben und die Austauschbarkeit der Studienorte ist nicht so flexibel möglich, wie man sich das eigentlich gewünscht hat. Die Idee war: Überall können alle studieren und alle können überall anknüpfen. Eingetreten ist dagegen eine stärkere Verschulung. Das erlebe ich auch bei den Studierenden. Sie sind stärker eingezwängt in bestimmte Abläufe, in Verfahren, in ein Curriculum. Die Elemente des zweckfreien Studierens, mal hierhin zu gehen, mal dahin zu gehen, mal eine Zeit lang etwas ganz anderes zu machen oder sich stärker zu konzentrieren auf das, was aktuell den eigenen Neigungen entspricht, scheinen mir kaum mehr möglich zu sein. Dazu ist das Studium viel zu sehr eingeengt in eine bestimmte Zielvorstellung, beispielsweise durch die Module, die man belegen muss. Ob das Erfolg hat, weiß ich nicht. Vielleicht muss man doch noch einmal einige Jahre warten. An der Katholisch-Theologischen Fakultät der Ludwig-Maximilians-Universität München haben wir diese Umstellung jetzt seit dem Wintersemester 2010 / 2011, und da, glaube ich, kann man jetzt noch nicht sagen, welche positiven oder negativen Auswirkungen das in einigen Jahren haben wird. Ich merke nur, dass die meisten Professoren nicht ganz glücklich sind und die Studenten auch nicht. Irgendwo scheint etwas nicht gut gelaufen zu sein. Die Zielerreichungen des Bologna-Prozesses jedenfalls kann ich im Augenblick nicht erkennen.

ZIERER: Sie lassen sich empirisch auch nicht nachweisen. Das ist womöglich ein Schuss in den Ofen gewesen.

MARX: Ja, vielleicht.

ZIERER: Ein weiterer Punkt, den man mithilfe von Bologna erreichen wollte, war zum Beispiel auch die Vielfalt der Abschlüsse zu reduzieren. Diese Vielfalt liegt momentan in der Erziehungswissenschaft bei knapp 100 unterschiedlichen Masterabschlüssen allein in Deutschland. Also die gewünschte Mobilität ist bereits in Deutschland kaum möglich.

MARX: Eben.

ZIERER: Und insofern ist diese Mobilität auch auf internationaler Ebene kaum möglich.

MARX: Vielleicht nochmals zur Zweckfreiheit, die Sie angesprochen haben: Das Ideal ist natürlich schon, dass eine Universität ein Ort der Disputation, des Austausches, des Streites sein sollte. Dies zeigt sich, wenn man allein an die Kultur der Streitgespräche denkt, auch und gerade im Mittelalter, die natürlich einer gewissen Regel gefolgt sind und etwas niveauvoller waren als die Talkshows heute, die allermeist kein qualitätsvoller Austausch von Argumenten sind, sondern eher ein Jahrmarkt der Meinungen. Die Disputatio hat die abendländische Kultur zutiefst geprägt: Dass man gepflegt streiten kann, argumentieren kann. Wissenschaft ist Wissen aus dem Grund, begründetes Wissen. Keinen Satz sagen ohne Begründung. Was das alleine schon eine Anstrengung und Herausforderung für das Denken ist! Nicht einfach so reden, reden, reden, sondern es begründen zu müssen vor jemandem, der sagt: „Ich bin anderer Meinung." Das ist eine unglaublich starke Entwicklung und das muss an einer Universität möglich sein. Eine Universität soll eben noch einmal etwas anderes sein als ein Ort der Wissensvermittlung, wo jemand redet und der andere mitschreibt und das dann mitnimmt. Das ist zu wenig. Wie man das heute bei einer modernen Massenuniversität organisiert, ist eine andere Frage. Aber auch das kann man tun. Bei den katholischen Universitäten habe ich es erlebt, etwa in Notre Dame in Indiana (USA): Ca. 10.000 Studenten leben dort zusammen auf dem Campus und führen ein studentisches Leben, das weit über den Wissenserwerb hinausgeht. Man kann so etwas schon organisieren und das wäre eine Herausforderung für uns: Leben in einer Studiergemeinschaft, Forschung und Lehre zusammen sehen, Diskussion in kleinen Kreisen und natürlich große Auditorien. Dass das gut zusammenpassen kann, ist möglich und kann organisiert werden. Es ist natürlich teuer und kostet einiges an Mehraufwand.

ZIERER: Ähnliche Modelle, wie das von Notre Dame, das Sie jetzt angesprochen haben, gibt es in England, wo es Colleges an den Universitäten gibt: Oxford und Cambridge kann man hier nennen.

MARX: Damit sind wir bei den Exzellenzuniversitäten: Ein bisschen Wettbewerb ist hier vielleicht ganz gut. Dass man sich anstrengt, kann prinzipiell nicht verkehrt sein. Aber was ist das Ergebnis? Manche sehen vor sich den Erwartungshorizont und entwickeln daraufhin Forschungsprojekte, die dann die Mittel fließen lassen. Und an der Stelle habe ich schon das eine oder andere Fragezeichen. Die Universität sollte ein Ort des freien Denkens, des Interdisziplinären sein und bleiben. In vielem ist sie immer noch sehr stark auf die einzelnen Fächer konzentriert, ausbildungsorientiert, wirtschaftsorientiert, und da täte ein Schuss Freiheit der Wissenschaft und Zweckfreiheit des Denkens vielleicht ganz gut.

ZIERER: Sie hatten einleitend die Stellung der Theologie in der Gründerzeit der Universitäten angesprochen. Heute scheint die Theologie an Einfluss zu verlieren, wenn man sich tendenziell Statistiken zu den letzten 30 Jahren anschaut: Die Anzahl der Professuren geht zurück, die Gesamtzahl der Studierenden nimmt ab. Provokant gefragt: Hat die Theologie an der Universität noch eine Zukunft?

MARX: Ja, ich hoffe! Es liegt aber auch an den Theologen selber. Natürlich habe ich als Magnus Cancellarius und als Stiftungsratsvorsitzender auch eine Verantwortung, aber erst einmal muss die Universität in die Gänge kommen. Das ist ja der Sinn der Autonomie. Wir haben zwar als Stiftungsrat für die Katholische Universität Eichstätt-Ingolstadt ein Eckpunktepapier verfasst, aber die geistige Arbeit, die Mobilisierung von geistiger Bewegung müssen von der Universität selbst, von den Professoren und den Studierenden selbst kommen.

Die Theologie etwa kann nicht vom Bischof „bestellt“ werden, sondern die Theologie muss sich selber auf den Weg machen. Das ist der erste wichtige Punkt im Bereich der Theologie: Sie muss durch ihre eigene Forschung, durch das Niveau ihrer Lehre, durch den Beitrag, den sie auch zu öffentlichen Auseinandersetzungen leistet, deutlich machen, wie notwendig sie ist, und darf sich nicht verschließen.

Man muss sich in der Universität bewähren, so dass die anderen auch zu Recht sagen: „Ja, auf die Theologie wollen wir auf keinen Fall verzichten. Das ist eine wichtige Stimme im Konzert der Universität." Das ist zunächst einmal Sache der Theologie selber und viele können das auch, viele bringen sich ein. Natürlich ist es für die Ethiker etwas leichter, beispielsweise im Bereich der Wirtschaft oder der Biowissenschaften, Themen interdisziplinär einzubringen. Das ist für den Dogmatiker, der über die Trinität nachdenkt, vielleicht nicht so einfach. Er kann nicht so leicht sagen: Es hat für alle Relevanz, wenn ich zum Beispiel *Gregor von Nazians* genauer erforsche. Und doch kann man es tun. Eben gerade in der Historie geht es. Hier kann man mit anderen kooperieren, interdisziplinär arbeiten und sich hineinbegeben in die inneruniversitäre oder auch öffentliche Debatte. Für die Erforschung der antiken Welt ist der Beitrag des Christentums ja unerlässlich. Und das gilt ebenso in anderen Feldern. Es gibt natürlich diese Tendenz an den Universitäten, der Theologie den Wissenschaftscharakter abzusprechen. Das würden manche wahrscheinlich auch von der Philosophie sagen. Dahinter steckt die Auffassung: Wissenschaft ist nur das, was man empirische Wissenschaft nennen kann. Aber nicht alle denken so. Ich weiß auch nicht, ob es die Mehrheit ist, die so denkt. Der *Wissenschaftsrat* hat das jedenfalls 2010 mit seinen „Empfehlungen zur Weiterentwicklung von Theologien und religionsbezogenen Wissenschaften an deutschen Hochschulen" anders gesehen. Das hat mich sehr gefreut, das hat mich positiv überrascht. Er hat über die Theologie und Religionswissenschaften an den Universitäten ein umfangreiches Gutachten vorgelegt. Im Gefolge dieses Gutachtens kam dann die Forderung, man müsse für den Islam Orte wissenschaftlicher Theologie schaffen. Aber es war ganz klar, wenn man das liest: Vom *Wissenschaftsrat*, der unabhängig und nicht kirchennah ist, kam ein sehr deutliches Votum: Es muss auch in Zukunft Theologie an der Universität geben. Das war ein starkes Votum, das auch wissenschaftlich gut begründet ist. Noch Anfang der siebziger Jahre war ja ausgemacht: Je moderner eine Gesellschaft ist, desto weniger Religion hat sie. Religion verschwindet sozusagen wie der Schnee in der Sonne der Aufklärung und dann braucht man sie nicht mehr. Ihr Feld ist in die Ethik hinein aufgelöst und man braucht keine Religion mehr. Das hat sich erledigt. Die Religionssoziologen haben wieder Tritt gefasst. Das Thema Religion ist nicht beendet. Wie auch immer man das behandelt, niemand kann sagen, das Thema Religion hat sich erübrigt in den letzten zwanzig Jahren.

Im Gegenteil! Die theologische Fragestellung ist durch das Auftreten einer neuen starken Religion in Deutschland, den Islam, wieder virulenter geworden. Die Frage stellt sich intensiv: Was ist Religion? Was ist eigentlich Christentum? Was bedeutet das auch für eine Kultur? Was bedeutet es für eine Gesellschaft, dass wir Christen sind? Hat das eine Auswirkung? Was heißt das inhaltlich? Ich denke, dass Religion auch noch in Zukunft eine große Bedeutung haben wird und es zu einer modernen Gesellschaft mit dazugehört, dass man diese gesellschaftlich wichtigen Themen auch wissenschaftlich reflektiert, auch im wissenschaftlichen Diskurs mit der Wissenschaft Theologie.

Der eine Bereich der Theologie ist die Ausbildung von Priestern und Theologen, das ist klar unser kirchliches Interesse. Das andere ist aber auch das gesellschaftliche Interesse oder das universitäre Interesse, eine wissenschaftlich-theologische Stimme zu haben im Konzert der Wissensbestände einer Universität. Wenn man die Fragestellung, gibt es Gott oder nicht und was bedeutet das, wenn ich von Gott rede, ausblenden und aus der Universität ausklammern würde, dann würde ein wichtiger Bereich des Denkens in der Universität tabuisiert werden. Das ist ja völlig unmöglich. Alles, was gedacht wird, muss auch in der Universität wissenschaftlich reflektiert werden. Das ist der Anspruch der Universität.

ZIERER: Ihre Überlegungen sind meines Erachtens eine günstige Gelegenheit, auf die Marktidee zu sprechen zu kommen, die sich mittlerweile stark in den universitären Gedanken eingebürgert hat. Früher war die Universität etwas Autonomes. Der Staat war für die Absicherung zuständig und hat die Gelder gegeben. Das hat sich völlig gewandelt. Um vor diesem Hintergrund noch einmal auf Theologie und Erziehungswissenschaft zu sprechen zu kommen: Diese Marktidee, so scheint es, passt gut zum erziehungswissenschaftlichen Diskurs, der davon profitiert, viele Drittmittel einwerben kann, viele Gelder bekommt, viel Aufmerksamkeit erhält. Bei der Theologie schaut es anders aus.

MARX: Ja, das ist so. Da muss sich die Theologie auch auf den Weg machen. Es werden durchaus bereits Mittel eingeworben. Ob das allerdings immer so richtig ist mit dieser Marktidee, ist eine andere Frage. Aber zumindest ist man gezwungen, deutlich zu machen, dass das, was wir denken, nicht irrelevant ist. Ich muss dem anderen überzeugend darstellen, wie wichtig das ist, was ich erforsche und lehre.

Ich phantasiere einmal: Wir erarbeiten mit anderen zusammen einen Schwerpunkt „Entwicklung des Begriffes der Menschenrechte seit der Antike", nehmen wir das einmal als Beispiel, als Forschungsprogramm. Das geht nicht ohne Theologie. Das würde gar nicht funktionieren. Das heißt, hier müssten sich Theologen auf den Weg machen und mit den anderen Fakultäten, den Philosophen, den Historikern, den Soziologen, in ein Gespräch kommen, um möglicherweise ein gemeinsames Forschungsprojekt zu schnüren und die Stimme dort einzubringen. Ich bin zwar kein Universitätsmanager, kann also nicht sagen, wie das im Einzelnen geht. Aber der positive Aspekt dieses Marktgeschehens ist: Ich muss deutlich machen, dass ich hier nicht nur l'art pour l'art mache, dass es hier auch nicht nur um die Ausbildung des Personals für die Kirche geht, sondern dass es hier um ein Denken geht, das wichtig ist für alle. Die Ökonomisierung erzeugt einen gewissen Druck. Jedoch glaube ich schon, dass man hier nicht alles egalisieren darf. Die Naturwissenschaften oder die Ökonomie sind sicherlich im Vorteil, weil sie sehr schnell einer Verwertbarkeit offen stehen und deutlich machen können, dass ihre Forschung in ökonomisch relevante Ergebnisse umgesetzt werden kann. Das ist natürlich in den Geisteswissenschaften insgesamt nicht so der Fall. Bei der Pädagogik gibt es politische Interessen und somit Forschungsprojekte, die politisch angeregt sind. Also da ist es vielleicht doch etwas schwierig, zu sagen, die ganze Forschungsszenerie wird nur noch über Drittmittel regiert. Denn dann würden manche Forschungen wahrscheinlich nicht ohne weiteres stattfinden. Da muss der Staat wohl auch regulierend eingreifen, oder auch die Universitäten insgesamt müssen sich auf den Weg machen, wissend, was sie denn wollen, was sie profilieren und was sie fördern wollen. Zu bedenken ist dabei, dass selbst Fakultäten in sich nur sehr schwer unter einen Hut zu bekommen sind, wie Sie selber wissen. Deswegen hat dieser Marktzwang den Effekt, dass man fragen muss: Was könnte aus meinem Fachgebiet übergreifend interessant sein? Wie kann ich es so darstellen, dass die Relevanz für uns heute, für unser Selbstverständnis deutlich wird? Nehmen wir den bereits angesprochenen Begriff der Menschenrechte oder meinetwegen auch die Ökonomie. Ökonomische Verwerfungen gab es schon in der Antike und im Mittelalter. Denken Sie beispielsweise an das Buch von *David Graeber* „Schulden – Die ersten 5.000 Jahre". Das ist praktisch ein interdisziplinäres Projekt. Dazu würde man möglicherweise auch aus der Theologie einiges sagen können: Wie geht man mit Schulden um?

Wie geht man etwa im Alten Testament damit um? Dort gibt es den Begriff des Schuldenerlasses und so weiter. Also, der Zwang, der hinter dem Marktgedanken steht, hinter Forschungsprojekten, die über Drittmittel laufen, lautet: Zeig uns, dass das, was du denkst, wirklich interessant und relevant ist, dass dieses Wissen uns auch heute Aufklärung und relevante Erkenntnisgewinne bringen kann. Diesen Impuls halte ich gar nicht für so schlecht. Darüber muss man nachdenken. Aber dazu muss sich die Theologie eben auch öffnen für die anderen Fächer. Was sie auch tut. Es ist nicht so, als würde gar nichts geschehen, aber es könnte sicherlich noch mehr passieren.

ZIERER: Was aber dann doch an dieser Marktidee kritisiert wird, sind die Formen der Selbstregulierung, die nicht greifen wollen.

MARX: Es kommt zu einer Anpassung. Man schaut natürlich: Was wollen jene, die die Gelder verteilen? Und dann wird das berücksichtigt. Es werden Anträge so formuliert, und wahrscheinlich gibt es dazu eine eigene Kunst, dass diese vorgegebenen Schemata berücksichtigt werden. Das ist schon eine Gefährdung: sich anzupassen an das, was die Auftraggeber wollen, und gleichzeitig das Widerständige etwas zurück zu halten, was nicht sofort plausibel erscheint, lieber nicht zu nennen. Das ist sicherlich eine Gefährdung. Aber ich will das Positive auch einmal wenigstens gesagt haben.

ZIERER: Wie begegnet man dieser Gefährdung? Sie haben es angedeutet: Letzten Endes führt sie womöglich dazu, dass eben bestimmte Bereiche extrem beforscht werden, die politisch interessant sind, der Bildungssektor zum Beispiel, und Bereiche, die auf den ersten Blick für die Gesamtgesellschaft nicht ganz so interessant sind, fallen ab.

MARX: Es muss eine Grundfinanzierung geben. Eine Universität muss leben können. Wir sind in Deutschland gewohnt, dass die Universitäten staatlich sind. Universitäten anderer Länder, beispielsweise in den Vereinigten Staaten, haben vier bis sechs Milliarden Dollar in ihrem Fonds und können sich auch Dinge erlauben, die in Deutschland undenkbar wären. Dafür gibt es aber auch viele Universitäten, die nicht mit unseren Universitäten mithalten können, da wollen wir in Deutschland auch nicht hin. Also da muss man das gesamte Feld anschauen. Aber sicherlich ist die Gefährdung, dass bestimmte Bereiche unterfinanziert werden, nicht von der Hand zu weisen. Und dennoch meine ich, sollte man nicht mit dem Gedanken der Zweckfreiheit begründen, dass man sein Forschungsfach und sein Lehrfach so pflegt, dass es womöglich niemanden mehr interessiert – das möchte ich doch auch dazu sagen. Wenn man wirklich will und als Lehrer und als Forscher gut ist, dann wird man deutlich machen können, dass das eigene Feld, der eigene Bereich auch für andere wichtig ist. Das muss die Universität selber machen und dafür haben wir ja eine stärkere Selbstverwaltung der Universitäten eingeführt. Es ist durchaus so, dass die Universitäten selbst entscheiden, wie die Mittel aufgeteilt werden. Dies kann natürlich den Streit der Fakultäten hervorrufen, wohin welche Lehrstühle gehen und so weiter. Da wird der Streit um die Ressourcen in die Universität hineingetragen, das ist klar, das kriege ich auch mit. Und dementsprechend haben die Präsidenten der Universitäten starkes Gewicht, ein stärkeres als sie vielleicht früher hatten, als die Fakultäten sehr stark waren.

ZIERER: Kann aber nicht genau dieser Umstand die positive Idee des Marktes, die Sie angesprochen haben, schlussendlich zunichte machen. Denn Universitäten müssen schauen, dass sie sich profilieren. Und wie profiliere ich mich auf einem Markt? In erster Linie, indem ich den Gesetzen des Marktes folge.

MARX: Ja, das ist sicher richtig. Erst einmal sind unsere Professoren in der Regel Beamte. Das würden andere Länder schon für unmöglich halten. Damit ist eine gewisse Sicherung einbezogen und Unabhängigkeit gegeben. Vor kurzem gab es einen Prozess aufgrund der Klage eines Professors, der durch die Neuregelung der Professorenbesoldung weniger verdient als ein Studienrat. Hier ist natürlich irgendwo etwas in eine Schieflage geraten, das glaube ich schon. Eine Marktorientierung, die ausschließlich der Frage nachgeht, was will der Markt, kann es nicht sein. Und es ist auch nicht ganz so, da es verschiedene Töpfe gibt, unter anderem die *Deutsche Forschungsgemeinschaft*. Diese Töpfe sind nicht alle marktmäßig orientiert. Markt wäre ein ökonomischer Markt, also könnte ich damit Geld verdienen. Hier geht es darum, dass Forschungsmittel zur Verfügung stehen, die nicht vom Staat direkt verteilt werden, sondern über Institutionen, denen ein Antragsteller deutlich machen muss: Was ich mache, ist qualitätsvoll, weit reichend und bringt Erkenntnisgewinn. Das würde ich nicht unbedingt und nicht sofort als Marktideologie bezeichnen. Anders ist es im Bereich der wirtschaftsnahen Forschung, die zum Teil noch viel mehr Mittel zur Verfügung hat. Wenn man an die Biowissenschaften oder an die Medizin denkt, an die Forschung in diesem Bereich, dann ist zweifelsfrei die Nähe zum Verwertbaren, zum Umsetzbaren, also zum Verkauf dessen, was hier als Erkenntnisgewinn entsteht, viel enger. Da ist eine größere Gefährdung gegeben, was ich etwa bei den Mitteln der *Deutschen Forschungsgemeinschaft* nicht sehe. Sie fördert durchaus geisteswissenschaftliche Projekte und es ist also nicht so, als würden die ganz ausfallen.

ZIERER: Dazu gibt es die schöne Geschichte zu *Niklas Luhmann*, der damals bei seiner Aufnahme in die neu gegründete Fakultät für Soziologie in Bielefeld einen Projektantrag eingereicht hat: „Thema: Theorie der Gesellschaft, Laufzeit: 30 Jahre, Kosten: keine." Das war sein Projekt, sein Lebensprojekt. Nach 28 Jahren war er fertig und veröffentlichte das epochemachende Werk „Die Gesellschaft der Gesellschaft". Das passt überhaupt nicht in die aktuelle Situation.

MARX: Nein, solche Leute sind natürlich selten. Nicht alle sind wie *Niklas Luhmann*, das muss man auch sagen. Ein anderes Beispiel wäre *Hans Blumenberg*, der schon eher eine Art Mythos war, als ich selbst studierte. Er hielt zwar schon keine Vorlesung mehr, aber er lebte noch in Münster, als ich anfing mit meinem Promotionsstudium. Solche Persönlichkeiten sind seltener geworden, das stimmt. Auch *Jürgen Habermas* ist hier zu nennen. Das sind einfach starke Professoren und Denker, aber nicht alle sind so.

Was vielleicht noch hinzukommt, ist die Verbindung von Forschung und Lehre. Diese Orientierung an den Mechanismen der Drittmittel führt unter Umständen dazu, dass die Lehre vernachlässigt wird, weil andere mitbestimmen, was gemacht wird. Aber das Wesen der Universität liegt genau in dieser Verbindung von Forschung und Lehre. Es gibt Professoren, die machen unglaublich viele Forschungsprojekte und holen das Geld. Gleichzeitig vernachlässigen sie ihre Lehre, halten keine Seminare mehr oder lassen sich in Vorlesungen vertreten. Das ist nicht richtig! Denn man entzieht sich dem, was eben auch das Interessante einer Professorenberufung ist, dass man eben nicht nur forscht, sondern auch seine Forschung mit den Lernenden teilt und mit den Studierenden im Gespräch bleibt. Das ist doch das Wesen der Universität.

ZIERER: Genau das ist aber doch eine Folge des Marktes: Der Professor nicht mehr als Forschender und als Lehrender, der sein Wissen vertieft und weitergibt, also im Grunde die Einheit von Forschung und Lehre avisiert, was ein *Humboldtsches* Ideal darstellt, sondern der Professor als Manager.

MARX: Ja, genau. Forschung und Lehre, das ist ein Punkt, der mich noch kritischer gegenüber der Marktidee werden lässt. Die großen Mittel werden abgeschöpft und meistens von wenigen im Vergleich zur Gesamtzahl der Professoren. Auch das ist nicht unbedingt verteilungsgerecht. Mit der Folge: Es sind diese Wenigen, die sich dann noch zusätzlich absetzen aus der Lehre. Und das ist keine gute Entwicklung.

ZIERER: Mit Blick auf diese Wenigen, die Sie ansprechen, wird häufig der Matthäus-Effekt zitiert: Die, die viel haben, bekommen noch mehr.

MARX: Das habe ich auch erlebt, insbesondere als ich als Weihbischof zuständig für den Kontakt zum *Katholisch-Theologischen Fakultätentag* war – das ist die Repräsentanz der katholisch-theologischen Fakultäten und Institute Deutschlands, eine Art Versammlung aller Theologieprofessoren Deutschlands. Ich war der Vertreter der *Deutschen Bischofskonferenz*, weil ich mehrere Jahre Mitglied in der „Kommission für Wissenschaft und Kultur" war. Die *Deutsche Forschungsgemeinschaft* hat seinerzeit aufgefordert, mehr Anträge zu stellen, denn aus der katholischen Theologie kam zu wenig.

ZIERER: Das heißt, wenn ich Sie richtig verstehe und versuche zusammenzufassen: Die Marktidee ist ein Stück weit gerechtfertigt, weil sie durchaus Wissenschaft vorantreiben kann. Aber es kommt als Professor nicht nur darauf an, den Regeln des Marktes zu folgen, sondern auch diese Freiheit, die man als verbeamteter Professor hat, für andere Zwecke zu nutzen.

MARX: Kann man wirklich sagen, dass die Verteilung der Mittel durch die *Deutsche Forschungsgemeinschaft* eine Marktidee ist? Das, glaube ich, kann man nicht sagen, da würde die Begrifflichkeit aus meiner Sicht nicht stimmen. Wobei, in gewisser Weise haben Sie Recht: Man könnte sagen, es ist ein bestimmter Markt. Mittel sind da, aber es ist kein wirklicher Markt von Kaufenden und Verkaufenden. Markt ist bestimmt durch Waren: Kaufen und Verkaufen. Aber das ist es im Fall der Wissenschaft und Universität nicht, sondern es geht um die Verteilung von Mitteln, die der Staat zur Verfügung stellt, nicht die Wirtschaft.

ZIERER: Im Fall der *Deutschen Forschungsgemeinschaft*: Ja.

MARX: In anderen Bereichen könnte das Geschehen marktnäher sein. Wie gesagt: Wenn eine pharmazeutische Firma die Forschung fördert, etwa die Krebsforschung an der medizinischen Fakultät, dann ist das marktnäher. Aber selbst das: Ist das ein Markt? Ich weiß es nicht genau. Sicherlich ist es marktnäher, weil die Erwartung da ist, dass damit Geld verdient werden kann. Die *Deutsche Forschungsgemeinschaft* kann mit den Mitteln kein Geld verdienen. Aber die pharmazeutische Industrie kann mit den Mitteln Geld verdienen, wenn sie sagt, dass sie innerhalb von fünf Jahren Medikamente haben will, die einen Tumor besser therapierbar machen. Und damit wird Gewinn gemacht – mit diesem Ergebnis, das noch einmal verkauft werden kann. Das ist stärker marktnah und greift eher im Bereich einer wirtschaftsnahen Forschung, also wo Forschung in Produkte umgesetzt werden kann, die später verkauft werden können. Das kann bei der *Deutschen Forschungsgemeinschaft* in gewisser Weise auch sein, wenn Naturwissenschaften gefördert werden. Aber ich habe etwas Probleme damit, das Gesamte als Marktidee zu sehen. Vielmehr müsste man sagen, dass es eine Tendenz gibt, dass Universitäten stärker nach dem wirtschaftlichen Kalkül ihre Mittel bekommen. Also zweckorientiert auf wirtschaftliche Verwertbarkeit, das gibt es, besonders in den Naturwissenschaften.

ZIERER: Ist Ihre Position vereinbar mit der Auffassung von *Richard Münch*, der sagt: Dieser Markt ist eigentlich kein Markt und er kann es nicht sein, weil der Preismechanismus fehlt.

MARX: Ja, wenn er das sagt, dann stimme ich dem zu. Auch für mich ist das kein wirklicher Markt.

ZIERER: Und dennoch: Die Drittmittel entscheiden über Sieg oder Sarg. Es wird gezählt und es wird geschaut, wie viel Drittmittel sind da, und die, die am meisten haben, stellen die Spitze des Landes dar.

MARX: Das ist eine Gefahr: Dieses Antragsverfahren könnte dazu führen, dass bestimmte, sagen wir, mainstreamige Projekte, die eben irgendwie dran sind und bei denen die Relevanz ins Auge springt, stärker einen Zuspruch bekommen. Es gibt möglicherweise eine gewisse Verschiebung der Forschungslandschaft im Hinblick auf eine Forschung, die aktuell anscheinend gesellschaftlich von Nutzen ist und deswegen Unterstützung erfährt. Wenn das erst einmal läuft, dann ist jemand im Förderungssystem drin, und dann wird er unter Umständen noch stärker bedacht.

ZIERER: An dieser Stelle würde ich den Marktgedanken, wie er diskutiert wird, im Zusammenhang mit Ihrer Funktion als Großkanzler ansprechen. Es wird wegen des Marktes immer mehr Autonomie an die Universitäten gegeben – beispielsweise, dass Universitäten selber Stellen ausschreiben und besetzen können, dass sie sich ein eigenes Profil geben können. Früher war es so, dass der Staat dafür verantwortlich war. Ein Vorteil war, dass der Staat den Blick auf die Fläche hatte und damit sehen konnte, dass womöglich ein kleines Fach nicht verloren geht. Durch die Profilierung und die stärkere Autonomie der Hochschulen besteht die Gefahr, dass – bildlich gesprochen – alle auf das gleiche, vielleicht auch falsche Pferd setzen. Fächer, die momentan nicht so bekannt sind, werden nicht gefördert – bis es sie womöglich eines Tages universitär nicht mehr gibt.

MARX: Ja, hier muss man sehen, wie sich die Landschaft in den letzten fünfzig Jahren verändert hat. Wie viele Universitäten hat es in Deutschland gegeben 1950, 1960? Das waren wenige Universitäten und das wäre auf Dauer nicht tragbar gewesen. Wenn wir uns die Landschaft heute anschauen, zeigt sich ein anderes Bild – trotz der Schwierigkeiten, die wir mit der sogenannten Massenuniversität haben. Aber die wenigen Universitäten, die damals da waren, reichten nicht aus. Sie kennen die Diskussion über den Bildungsnotstand in Deutschland, über „das katholische Mädchen vom Land", das als Ausdruck des Bildungsnotstandes galt. Fünf Prozent eines Jahrganges haben damals Abitur gemacht. Das war im Vergleich zu anderen Ländern auch wenig. Jetzt sind wir einen Schritt weiter gegangen. Die Universitäten haben sich deshalb verändert. Die gesamte Lehrerbildung, wir haben schon darüber gesprochen, ist universitär geworden. Ich bin mir nicht ganz sicher mit dem, was Sie sagen, weil ich von der Katholischen Soziallehre her auch etwas staatskritisch bin:

Wir spüren sicherlich, dass private Universitäten oder selbstverwaltete Universitäten an ihre Grenzen kommen. Aber ich muss, wenn ich wirklich den Gedanken der Subsidiarität ernst nehme, diesen Weg auch positiv sehen. Gegenüber einer staatlichen Dominanz, einer zu sehr von oben verteilenden Dominanz, bleibe ich ein bisschen skeptisch. Jetzt müssen wir natürlich fragen: Was will man mit der Universität? Wenn es etwa darum geht, genügend Lehrer auszubilden, dann kann man das staatlicherseits nur so beeinflussen: Die Leute studieren, wenn sie den Eindruck haben, das sei für sie ein Berufsziel, das sie erreichen können und in dem sie auch eine Anstellung bekommen. Sie entscheiden dann, wo sie studieren, und das sollen sie selbst entscheiden, dafür brauchen wir keine Verteilung. Die Universitäten sollen von der Qualität her einen Wettbewerb betreiben. Schulen müssen das auch tun und angesichts der sinkenden Geburtenzahlen immer mehr. Eltern sind frei in der Entscheidung, wo sie ihr Kind aufs Gymnasium schicken. Die werden schauen und sich erkundigen. Also, ich bin für größere Freiheit. Wenn Sie sagen, die Selbstverwaltung der Universität klappt nicht, die Professoren können sich nicht vertragen, die können nicht miteinander, die denken nur an sich und ihre kleine Welt, dann ist das ein Ball, den ich in die Universität zurückspiele. Es hat ja bereits verschiedene Versuche gegeben, beispielsweise den Hochschulrat. Dieser sollte nicht zu sehr aus der Universität kommen, sondern sollte das gesellschaftliche Feld mit hinein nehmen, die gesellschaftlichen Gruppen und Institutionen, so dass die Diskussion auch geweitet wird. Ich glaube nicht, dass zu viel staatliche Lenkung sinnvoll ist. Die Universitäten sollen, wenn sie klassische Universitäten bleiben wollen, auch ein starkes Maß an Selbstverwaltung haben. Sie müssen dann natürlich das Risiko tragen, dass Studenten und Professoren entscheiden, wo sie hingehen wollen. Genau an dem Punkt sollten die Universitäten ihre Arbeit ernst nehmen: Hier ist ein Ort, an dem ich exzellent lernen und lehren kann. Und dann werden Professoren auch dort hingehen. Und wo gute Professoren sind, gehen die Studenten auch hin.

ZIERER: Damit eröffnet sich die Frage der Finanzierung der Universitäten. In der Regel ist es so, dass an Universitäten, die ausreichend Gelder haben, auch gute Forschung durchgeführt wird und gute Lehre stattfindet. Folge des Wettbewerbes ist, dass der „core support“ zu Lasten des „research support“, also die festen Mittel zu Lasten der leistungsbezogenen Mittel verringert werden. Professoren bekommen

Leistungszulagen, Sie haben schon darauf hingewiesen, obschon sie Beamte sind. Studiengebühren sind ein Dauerthema. Also auch in diesen Bereichen hat der Marktgedanke einiges in Bewegung gebracht.

MARX: Der Staat kann nur eine Grundfinanzierung geben. Ob man die Professoren verbeamten muss, ist keine leichte Frage. Eine gewisse Sicherheit, glaube ich, muss man haben, sonst geht das nicht. Man kann nicht einfach sagen, wir machen nur Fünfjahresverträge. Wie soll das gehen? Das ist selbst in den privaten Universitäten in den Vereinigten Staaten so. Nur als Assistenzprofessor ist man befristet. Sobald einer einmal drin ist, kann er lehren, solange er will, und er wird auch nicht mit 65 entlassen. Warum soll ein guter Professor mit 65 aufhören? Wenn er will, soll er weiter machen. Also, das sind merkwürdige Gegebenheiten und ich bin für mehr Freiheit – in einer klaren Rahmenordnung natürlich, wo der Staat sehen muss, was finanziert wird. Zur Frage der Studiengebühren: Bedenken Sie einmal, dass an manchen Standorten, beispielsweise in den USA, etwa an der Georgetown University in Washington D.C., das Studium mehr als 40.000 US-Dollar im Jahr an Studiengebühren kostet! Das könnten wir gar nicht machen und das wollen wir auch nicht. Zugrunde liegt dort zwar ein starkes Stipendienwesen, aber die Mehrzahl der Studierenden besucht in den USA Hochschulen, die nicht so hoch qualifiziert sind wie unsere staatlichen Universitäten. Das muss man auch sehen. Nein, mit Gebühren wird das hier so nicht gehen, aber ein gewisser Wettbewerb der Universitäten schadet nicht. Markt ist nicht nur schlecht. Das ist eine Urbeziehung des Menschen: kaufen, verkaufen. Wir treffen uns auf den Marktplätzen. Ich habe etwas, das du brauchen kannst. Nimm es mir ab, aber ich verlange einen Preis dafür. Das ist nichts Unsittliches. Das ist etwas ganz Menschliches, von Anfang an. Die Frage ist, mit *David Graeber* gesprochen: Ist am Anfang schon ein Schuldverhältnis, das zu Ungleichheiten führt, oder ist am Anfang die Austauschbeziehung auf Augenhöhe?

ZIERER: Lassen Sie mich bitte nochmals auf die Studiengebühren zu sprechen kommen – ich fürchte, das Thema wird uns immer wieder begleiten: Meines Erachtens ist die Diskussion stets politisch überlagert. Aktuell scheint es so zu sein, dass sich die meisten Parteien gegen Studiengebühren aussprechen und diese in allen Bundesländern womöglich abschaffen. Aber ich möchte folgende Aspekte zu bedenken geben: Erstens könnte es als sozial ungerecht erscheinen, wenn alle, also auch die, die nicht an der Universität partizipieren, diese mitfinanzieren. Nehmen wir beispielsweise einen Handwerker, der seine Kinder nicht an die Hochschule schickt, dessen Steuern aber für deren Finanzierung verwendet werden. Und zweitens erscheint es mir, angesichts der Bedeutung der frühkindlichen Bildung, doch viel wichtiger, diesen Bereich von Kosten zu befreien, anstatt in die Hochschullandschaft einzugreifen.

MARX: Natürlich haben in gewisser Weise alle etwas davon, dass es Universitäten gibt. Aber das gilt auch für Handwerker und Pflegeberufe und andere, die ihre Ausbildung sehr wohl selbst mitfinanzieren müssen. Wenn also keine Gebühren gewollt sind, dann bitte in anderen Bereichen auch nicht. Im zweiten Punkt bin ich ganz Ihrer Meinung. Das haben wir als „Kommission für gesellschaftliche und soziale Fragen" der *Deutschen Bischofskonferenz* auch öffentlich gesagt, etwa 2011 in unserem Beitrag „Chancengerechte Gesellschaft – Leitbild für eine freiheitliche Ordnung".

ZIERER: Zwei Punkte würde ich gerne noch zum Themenfeld der Universitäten ansprechen. Als Erstes: Sie haben darauf hingewiesen, dass in der Geschichte der Universitäten ein großer Umbruch, eine große Umstrukturierung notwendig war, als die ganze Lehrerbildung an die Universitäten gekommen ist. Ist sie dort am richtigen Platz?

MARX: Das ist eine gute Frage. Die Gymnasiallehrer waren ja immer da und insofern ist es konsequent. Ich halte nichts von dieser Unterscheidung. Die Pädagogik war in früheren Zeiten, glaube ich, eher schwächer vertreten oder man hat sie praktisch philosophisch gemacht. Wenn man das gut gestaltet, dann könnte eine profilierte Lehrerausbildung vom Gesamtzusammenhang der Universität einen Nutzen ziehen. Durch die Modularisierung betrifft die Ausdifferenzierung der einzelnen Studiengänge vornehmlich die Organisation des Studiums. Gleichwohl muss man auch nach einer gezielten inhaltlichen Akzentuierung fragen. Für die unterschiedlichen Gruppen von Studierenden muss durchaus Spezifisches angeboten werden. Und das stellt ein Problem dar in der Organisation der Studiengänge. Die Studierenden haben ja unterschiedlich lange Studienzeiten. Konkret gefragt: Muss ein Lehramtsstudent, der beispielsweise Mathematik und katholische Religion studiert für die Realschule oder das Gymnasium die gleichen Module machen wie derjenige, der den Magister in Theologie erwirbt? Nein. Da sehe ich eine große Herausforderung, ob das noch kombinierbar ist. Ich befürchte: Nein. Im Grunde genommen müsste ein Lehramtsstudiengang der katholischen Theologie stärker Überblicke vermitteln, das Ganze in einer anderen Weise vortragen, meiner Ansicht nach, als im modularisierten Magisterstudiengang, also in etwa dem früheren Diplomstudiengang.

ZIERER: Macht dann die Trennung Sinn, dass man die Lehrerbildung zweiphasig gestaltet? Zuerst Hochschulstudium und dann erst in die Praxis gehen? Würde sich nicht gerade der Lehrerberuf eignen, beide Phasen von Beginn an zu kombinieren?

MARX: Sehr gut! Das, finde ich, ist eine gute Idee. Aber das fangen Sie einmal an und bauen das bei „Bologna" auch noch ein. Dann kriegen Sie den Nobelpreis für Pädagogik ...

ZIERER: Dann wird es ein rechtes Durcheinander ...

MARX: Ja, aber natürlich bietet sich das an. Es ist zwar selten, aber es kommt eben vor, das auch im Referendariat einige aufgeben und merken: Das hat keinen Sinn, ich komme mit den Schülern nicht zu Recht. Aber das kann man vielleicht vorher auch merken. Und insofern sind Praktika wichtig. Gott sei Dank ist es auf der Tagesordnung zu fragen: Wie kann man Theorie und Praxis miteinander verbinden? Es ist ja nicht so, dass ich die Theorie lerne und sie anschließend auf die Praxis anwende. Das ist ein Theorie-Praxis-Verhältnis, das nicht ganz stimmt. Sondern die Praxis ist eine Fragestellung, die sich an die Theorie richtet. Es gibt doch dieses kleine Essay von *Immanuel Kant* über den Gemeinspruch „Das mag in der Theorie richtig sein, taugt aber nicht für die Praxis" (1793), in dem er diese Frage behandelt – ein berühmtes Essay. Klar, für ihn ist die Theorie schon entscheidend. Das gilt für die ganze klassische Philosophie, so haben wir das gelernt, dass natürlich das Denken zuerst kommt und dann die Praxis. Also erst muss das Denken, die Theorie stimmen. Allerdings, wenn das Denken, die Theorie nicht angewandt werden kann, muss man zurückfragen: Stimmt das Denken? Stimmt die Theorie?

ZIERER: Das ist ein guter Gedanke, weil er das Kernproblem einer einphasigen oder zweiphasigen Lehrerbildung anspricht. Es hat übrigens einen Modellversuch gegeben, eben in Oldenburg, die einphasige Lehrerbildung umzusetzen. Der Modellversuch wurde positiv evaluiert, ist aber infolge eines politischen Wechsels wieder in der Schublade verschwunden. Weil Sie das Problem angesprochen haben, dass nicht alle ihr Referendariat beenden: Macht so etwas wie ein Lehrereignungstest zu Beginn des Studiums Sinn? Und gibt es entsprechendes für Priester?

MARX: Es gibt bei Priesterkandidaten keinen ausgearbeiteten Eignungstest, aber selbstverständlich Gespräche und Bewerbungsunterlagen, etwa die Beurteilung von Pfarrern und Lehrern. Ein solches Orientierungsgespräch für angehende Lehramtsstudenten wäre sicher sinnvoll.

ZIERER: Ein letzter Punkt noch: Wir hatten über die heutige Rolle der Professoren gesprochen, die sich im Vergleich zu früher stark gewandelt hat. Ich kann mich gut an eine Besprechung des *Jesus*-Buches von *Benedikt XVI.* erinnern, wo der Rezensent im Schlussabsatz bemerkt, dass sich *Joseph Ratzinger* mit diesem Werk auf keine Professur mehr bewerben könnte.

MARX: Das ist auch nicht mehr nötig! Das war auch nicht der Sinn dieses Buches! Und dennoch glaube ich, dass der Papst begründet schreibt. Ich wundere mich sogar, dass er überhaupt Anmerkungen macht. *Karl Rahner* hat beispielsweise keine Anmerkungen mehr gemacht. In einem gewissen Alter, nach einer Lebensleistung darf man so schreiben und da weiß jeder, der etwas von der Sache versteht, dass das kenntnisreich geschrieben ist. Ich fand es sehr schön, dass *Papst Benedikt XVI.* in seinem *Jesus*-Buch im Vorwort geschrieben hat: Ihr könnt mich kritisieren, ich schreibe als *Joseph Ratzinger* noch einmal zu meinem Lebensthema, nicht mehr mit dem großen wissenschaftlichen Apparat, den ich hier gar nicht zur Verfügung habe, sondern ich schreibe das, was ich glaube, erkannt zu haben. So ist das Werk eine Mischung aus Meditation, theologischen Erkenntnissen und einer tiefen Verehrung der Person *Jesu* gegenüber. Vielleicht könnte man sagen: Am Papst kann man ablesen, wozu Lernen führen kann, zu einer im umfassenden Sinn gebildeten Persönlichkeit, mit Leidenschaft für ein Lebensthema und mit der nie aufhörenden Bereitschaft,

Neues zu entdecken, offen zu bleiben auch – theologisch gesprochen – für die unendlichen Möglichkeiten Gottes.

Nachwort

Welche Schlüsse können wir aus dem Dialog zwischen Theologie und Erziehungswissenschaft ziehen? Im Sinn unserer Überlegungen aus dem Vorwort, wonach sich das Gespräch als Rede und Gegenrede, als Zusammenspiel von Wort und Antwort, als eine Form der Interaktion im Hier und Jetzt durch Lebendigkeit und Unmittelbarkeit auszeichnet und so auch neue Fragen zu stellen und kreative Lösungswege anzudenken vermag, möchten wir einige Punkte festhalten und ein Resümee ziehen:

- Theologie und Erziehungswissenschaft haben gemeinsame Wurzeln und Traditionen. Hierzu wurden eine Reihe von Beispielen genannt, von denen für beide Seiten die Orientierung an *Jesus* selbst vielleicht am weitreichendsten ist. Im Gespräch wurde zudem deutlich, dass der Gedanke, *Jesus* als Lehrer zu sehen, in beiden Disziplinen unterbelichtet ist.
- Theologie kann Erziehungswissenschaft vor überhöhten und unsinnigen Trends bewahren, weil sie einen reflektierten, ganzheitlichen Blick verfolgt. Dies wurde beispielsweise in der Auseinandersetzung mit dem Kompetenzbegriff oder mit dem Begriff der Liebe im pädagogischen Kontext sichtbar.
- Erziehungswissenschaft befasst sich mit einem Gegenstandsbereich, der für die Theologie von zentraler Bedeutung ist: Bildungs- und Erziehungsprozesse sind Felder der praktischen Auseinandersetzung mit dem Glauben und liefern dem Christentum insofern auch einen wichtigen Realitätsbezug, der davor bewahren kann, an den Menschen vorbei zu argumentieren, wie wir es in Anlehnung an *Jürgen Habermas* besprochen haben.
- Christentum ist Bildungsreligion. Auch wenn der Begriff der Bildungsreligion selbst mehrdeutig und bei einer differenzierten Betrachtung erklärungsbedürftig ist, er verweist im Rahmen unseres Dialoges darauf, dass Fragen der Bildung immer auch Fragen des Glaubens sind und umgekehrt.
- Christentum versteht sich als Aufklärung. Insofern bedingen sich Glaube und Bildung gegenseitig. Das eine ist zwar ohne

das andere auf einer theoretischen Ebene betrachtbar, in der Realität greifen beide Seiten aber ineinander. Insofern wäre es eine Verkürzung des Daseins, Bildung ohne Glaube und Glaube ohne Bildung zu betrachten. Theologie und Erziehungswissenschaft sind auf den Dialog angewiesen, verfolgen sie doch beide ein ähnliches Ziel: Dem Menschen in seiner Existenz Hilfestellung zu geben, ihn zu seinen ureigenen Möglichkeiten zu führen.

- Die Frage nach dem Menschen ist Bindeglied zwischen Theologie und Erziehungswissenschaft und steht in beiden Disziplinen im Zentrum des Interesses. Ein Austausch hierzu befördert sowohl das Verständnis des Glaubens als auch das Verständnis der Bildung.
- Methodisch erscheinen Theologie und Erziehungswissenschaft weit voneinander entfernt: Auf der einen Seite dominieren geisteswissenschaftliche Zugänge. Auf der anderen Seite stehen empirische Verfahren im Zentrum. Und dennoch lässt sich auch auf dieser Ebene ein verbindendes Element ausmachen, das wissenschaftshistorisch und -theoretisch als Eklektik bezeichnet werden kann: „Prüft alles und behaltet das Gute!" (1 Thess 5, 21) So heißt es bei *Paulus*. Es überrascht nicht, dass genau diese Sentenz zum Motto eines der Gründerväter der Pädagogik wurde: „Alles prüfen! Das Beste behalten!" Dies ist die methodische Richtschnur für *August Hermann Niemeyer* in seinen 1796 zum ersten Mal erschienen „Grundsätzen der Erziehung und des Unterrichts". Nicht reduktionistisch auf eine Position fixiert zu sein, sondern verschiedene Zugänge zuzulassen, das kann als Konsequenz daraus gezogen werden. Gerade vor dem Hintergrund der bereits angesprochenen Anfälligkeit für Trends und Modeerscheinungen auf Seiten der Erziehungswissenschaft und für Realitätsferne und Realitätsverlust auf Seiten der Theologie erscheint dieser Ansatz wichtiger denn je.
- Mit diesem Ansatz ist es uns gelungen, eine Reihe von gefährlichen Umkehrungen als Trugschlüsse zu entlarven: Die Ganztagsschule wird als bester Weg propagiert und steigt zur Alleinherrschaft auf, ohne hierfür harte Fakten zu haben. Allein aus dem aktuellen Bestreben heraus, Familie und Beruf in Einklang zu bringen, wird eine entsprechende Organisati-

on des Schulwesens notwendig, nicht aber aus erziehungswissenschaftlicher Sicht. Liberale Auffassungen bezüglich familiärer Konstellationen werden benutzt, um nicht zulässige Schlüsse zu ziehen – beispielsweise, dass Kinderkrippen und Ganztagsschulen mehr dem Wohl des Kindes dienen würden und insofern sogar besser für deren Bildung und Erziehung seien.

- Theologie und Erziehungswissenschaft verstehen Bildung als Gerechtigkeitsthema mit größter gesellschaftlicher Relevanz – sowohl in aktuellen Diskussionen als auch unter einer zukünftigen Perspektive. Dem Grundansatz von Gerechtigkeit – suum cuique – Sorge zu tragen, verlangt eine konsequente Orientierung am Wohl des Kindes in allen Erziehungs- und Bildungszusammenhängen. Das gilt insbesondere im Blick auf realisierbare chancengerechte Zugänge zu Bildung und eine strukturierte Unterstützung, um Beteiligungs- und Befähigungsgerechtigkeit zu ermöglichen.

Historische Verflechtung, methodische Ausrichtung, gemeinsames Gegenstandsfeld und ähnliche Zieldimension - mindestens diese vier Dimensionen und Perspektiven lassen sich für uns als Quintessenz nennen. Sie bilden aus heutiger Sicht, aber auch mit Blick in die Zukunft wichtige Überschneidungsbereiche von Theologie und Erziehungswissenschaft und erfordern einen entsprechenden Dialog zwischen beiden Disziplinen, der hoffentlich von anderen und auf verschiedenen Ebenen fortgesetzt wird und werden muss.

LITERATURVERZEICHNIS

Augustinus, A. (2007): Bekenntnisse. Frankfurt am Main: Verlag der Weltreligionen.

Augustinus, A. (1999): Vom Gottesstaat. Paderborn: Schöningh Verlag.

Aunola, K. / Stattin, H. / Nurmi, J.-E. (2000): Parenting styles and adolescents' achievement strategies. In: Journal of Adolescence, Heft 2, S. 205-222.

Benedikt XVI. (2009): Enzyklika Caritas in Veritate. Bonn: Sekretariat der Deutschen Bischofskonferenz.

Benedikt XVI. (2009): Augustinus – Leidenschaft für die Wahrheit. Augsburg: Sankt Ulrich Verlag.

Benedikt XVI. (2007, 2011, 2012): Jesus von Nazareth – Teile I bis III. Freiburg: Herder Verlag.

Benedikt XVI. (2006): Enzyklika Deus Caritas est. Bonn: Sekretariat der Deutschen Bischofskonferenz.

Benedikt XVI. - Joseph Ratzinger (2003): Das Christentum – die wahre Religion? In: Ders.: Glaube – Wahrheit – Toleranz. Freiburg: Herder, S. 131-147.

Bergmann, W. (2010): Geheimnisvoll wie der Himmel sind Kinder – Was Eltern von Jesus lernen können. München: Kösel Verlag.

Bertram, H. / Bertram, B. (2009): Familie, Sozialisation und die Zukunft der Kinder. Leverkusen: Barbara Budrich.

Biddle, B. J. / Good, T. L. / Goodson, I. F. (1997): International Handbook of teachers and teaching. Dordrecht: Kluwer.

Blömeke, S. (2004): Empirische Befunde zur Wirksamkeit der Lehrerbildung. In: Blömeke, S. et al.: Handbuch Lehrerbildung. Bad Heilbrunn: Klinkhardt, S. 59-91.

Bohl, T. et al. (2010): Handbuch Schulentwicklung – Theorie, Forschungsbefunde, Entwicklungsprozesse, Methodenrepertoire. Bad Heilbrunn: Klinkhardt.

Bos, W. et al. (2011): TIMSS 2011 – Mathematische und naturwissenschaftliche Kompetenzen von Grundschulkindern in Deutschland im internationalen Vergleich. Münster: Waxmann.

Bos, W. et al. (2011): IGLU 2011 – Lesekompetenzen von Grundschulkindern in Deutschland im internationalen Vergleich. Münster: Waxmann.

Bourdieu, P. (2005): Die verborgenen Mechanismen der Macht. Hamburg: VSA.

Brown, B. B. et al. (1993): Parenting Practices and Peer Group Affiliation in Adolescence. In: Child Development, Heft 2, S. 467-482.

Buber, M. (1966): Ich und Du. Köln: Hegner Verlag.

Bun, J. R. et al. (1988): Effects of Parental Authoritarianism and Authoritativeness on Self-Esteem. In: Personality and Social Psychology Bulletin, Heft 2, S. 271-282.

Bundesministerium für Bildung und Forschung (Hrsg.) (2009): Die wirtschaftliche und soziale Lage der Studierenden in der Bundesrepublik Deutschland 2009 – 19. Sozialerhebung des Deutschen Studentenwerkes durchgeführt durch das HIS Hochschul-Informations-System. Bonn / Berlin: BMBF.

Burtscheidt, C. (2010): Humboldts falsche Erben – Eine Bilanz der deutschen Hochschulreform. Frankfurt am Main: Campus.

Busse, S. / Helsper, W. (2008): Schule und Familie. In: Helsper, W. / Böhme, J.: Handbuch der Schulforschung. Wiesbaden: VS, S. 469-494.

Cochran-Smith, M. / Zeichner, K. M. (Hrsg.) (2005): Studying Teacher Education – The Report of the AERA-Panel on research and teacher Education. Mahwah: Erlbaum.

Cochran-Smith, M. et al. (Hrsg.) (2008): Handbook of Research on Teacher Education. Third Edition. New York: Routledge.

Dawkins, R. (2006): Der Gotteswahn. Berlin: Verlag Ullstein.

Dennett, D. (2006): Den Bann brechen: Religion als natürliches Phänomen. Berlin: Insel Verlag.

Die deutschen Bischöfe – Kommission für Erziehung und Schule (2012): Inklusive Bildung von jungen Menschen mit Behinderungen in Katholischen Schulen in freier Trägerschaft. Bonn: Sekretariat der Deutschen Bischofskonferenz.

Die deutschen Bischöfe – Kommission für gesellschaftliche und soziale Fragen (2011): Chancengerechte Gesellschaft. Leitbild für eine freiheitliche Ordnung. Bonn: Sekretariat der Deutschen Bischofskonferenz.

Dörpinghaus, A. / Poentisch, A. / Wigger, L. (2011): Einführung in die Theorie der Bildung. Darmstadt: Wissenschaftliche Buchgesellschaft.

Fend, H. (2009): Neue Theorie der Schule – Einführung in das Verstehen von Bildungssystemen. Wiesbaden: VS.

Fend, H. / Berger, F. / Grob, U. (2009): Lebensverläufe, Lebensbewältigung, Lebensglück – Ergebnisse der LifE-Studie. Wiesbaden: VS.

Flitner, A. (1985): Gerechtigkeit als Problem der Schule und als Thema der Bildungsreform. In: Zeitschrift für Pädagogik, Heft 1, S. 1-26.

Fromm, E. (2005): Die Kunst des Liebens. Berlin: Verlag Ullstein.

Fuhrmann, M. (2004): Bildung – Europas kulturelle Identität. Stuttgart: Reclam.

Gaudium et spes. Pastoralkonstitution des Zweiten Vatikanischen Konzils vom 7.12.1965. In: Rahner, K. / Vorgrimmler, H. (Hrsg.) (25. Aufl. 1994): Kleines Konzilskompendium. Freiburg: Herder, 494-552.

Graeber, D. (2012): Schulden - Die ersten 5.000 Jahre. Stuttgart: Klett-Cotta.

Glasgow, K. L. et al. (1997): Parenting Styles, Adolescents' Attributions, and Educational Outcomes in Nine Heterogeneous High Schools. In: Child Development, Heft 3, S. 507-529.

Gray, M. R. / Steinberg, L. (1999): Unpacking Authoritative Parenting – Reassessing a Multidimensional Construct. In: Journal of Marriage and Family, Heft 3, S. 574-587.

Gruschka, A. (2011): Verstehen lehren – Ein Plädoyer für guten Unterricht. Ditzingen: Reclam.

Gudjons, H. / Traub, S. (2012): Pädagogisches Grundwissen: Überblick – Kompendium – Studienbuch. Bad Heilbrunn: Klinkhardt.

Habermas, J. (2005): Zwischen Naturalismus und Religion. Berlin: Suhrkamp Verlag.

Habermas, J. (2001): Glauben und Wissen. Berlin: Suhrkamp Verlag.

Harris, S. (2004): Das Ende des Glaubens. Winterthur: Edition Spuren.

Hattie, J. (2003): Teachers make a difference: What is the research evidence? Keynote presentation at the Building Teacher Quality: The ACER Annual Conference, Melbourne, Australia.

Hattie, J. / Beywl, W. / Zierer, K. (2013): Lernen sichtbar machen – Überarbeitete deutschsprachige Ausgabe von „Visible Learning". Baltmannsweiler: Schneider Verlag Hohengehren.

Helmke, A. (2012): Unterrichtsqualität und Lehrerprofessionalität – Diagnose, Evaluation und Verbesserung des Unterrichts. Seelze-Velber: Kallmeyer.

Helsper, W. / Böhme, J. (2008): Handbuch der Schulforschung. Wiesbaden: VS.

Herrmann, U. / Schlüter, S. (2012): Reformpädagogik – Eine kritisch-konstruktive Vergegenwärtigung. Bad Heilbrunn: Klinkhardt.

Herzog, R. (1997): Rede von Bundespräsident Roman Herzog auf dem Berliner Bildungsforum im Schauspielhaus am Gendarmenmarkt (05. November 1997). http://www.bundespraesident.de/SharedDocs/Reden/DE/Roman-Herzog/Reden/1997/11/19971105_Rede.html

Hitchens, C. (2007): Der Herr ist kein Hirte – Wie Religion die Welt vergiftet. München: Karl Blessing Verlag.

Hopf, W. (2010): Freiheit – Leistung – Ungleichheit: Bildung und soziale Herkunft in Deutschland. Weinheim / München: Juventa.

Hopmann, S. T. / Brinek, G. / Retzl, M. (2007): PISA zufolge PISA – PISA According to PISA: Hält PISA, was es verspricht? – Does PISA Keep What It Promises? Wien: LIT.

Horlacher, R. (2011): Bildung. Stuttgart: UTB.

Horst, J.-C. (2010): Was ist Universität? Texte und Positionen zu einer Idee. Zürich: Diaphanes.

Humboldt-Universität zu Berlin (Hrsg.) (2010): Gründungstexte – Johann Gottlieb Fichte, Friedrich Daniel Ernst Schleiermacher, Wilhelm von Humboldt. Berlin.

Johannes Paul II. (1998): Enzyklika Fides et Ratio. Bonn: Sekretariat der Deutschen Bischofskonferenz.

Johannes Paul II. (1991): Enzyklika Centesimus Annus. Bonn: Sekretariat der Deutschen Bischofskonferenz.

Jürgens, E. / Standop, J. (2010): Was ist „guter" Unterricht? Namhafte Expertinnen und Experten geben Antwort. Heilbrunn: Klinkhardt.

Kant, I. (2003): Kritik der praktischen Vernunft. Hamburg: Meinert Verlag.

Kant, I. (2001): Das mag in der Theorie richtig sein, taugt aber nicht für die Praxis. Hamburg: Meinert Verlag.

Klieme, E. et al. (2010): PISA 2009 – Bilanz nach einem Jahrzehnt. Münster: Waxmann.

KMK (2004): Standards für die Lehrerbildung, 2004 http://www.kmk.org/fileadmin/veroeffentlichungen_beschluesse/2004/2004_12_16-Standards-Lehrerbildung.pdf

Koller, H.-C. (2010): Grundbegriffe, Theorien und Methoden der Erziehungswissenschaft – Eine Einführung. Stuttgart: Kohlhammer.

Kraus, J. (2009): Ist die Bildung noch zu retten? Eine Streitschrift. München: Herbig.

Krautz, J. (2007): Ware Bildung – Schule und Universität unter dem Diktat der Ökonomie. Kreuzlingen: Hugendubel.

Lamborn, S. D. et al. (1991): Patterns of Competence and Adjustment among Adolescents from Authoritative, Authoritarian, Indulgent, and Neglectful Families. In: Child Development, Heft 5, S. 1049-1065.

Liegle, L. (2006): Bildung und Erziehung in früher Kindheit. Stuttgart: Kohlhammer.

Liessmann, K. P. (2007): Theorie der Unbildung – Die Irrtümer der Wissensgesellschaft. Wien: Zsolnay.

Luhmann, N. (1982): Funktion der Religion. Berlin: Suhrkamp Verlag.

Luhmann, L. (1998): Die Gesellschaft der Gesellschaft. Berlin: Suhrkamp Verlag.

Lutterbach, H. (2010): Kinder und Christentum – Kulturgeschichtliche Perspektiven auf Schutz, Bildung und Partizipation von Kindern zwischen Antike und Gegenwart. Stuttgart: Kohlhammer Verlag.

Marx, K. (2011): Zur Kritik der Hegelschen Rechtsphilosophie. Berlin: Zenodot Verlagsgesellschaft.

Marx, R. (2008): Das Kapital – Ein Plädoyer für den Menschen. München: Pattloch.

Merton, R. K. (1968): The Matthew effect in science. In: Science 159, S. 59-63.

Meyer, H. (2005): Was ist guter Unterricht? Berlin: Cornelsen.

Meyerhöfer, W. (2005): Tests im Test: Das Beispiel PISA. Leverkusen: Barbara Budrich.

Münch, R. (2011): Akademischer Kapitalismus – Zur politischen Ökonomie der Hochschulreform. Berlin: Suhrkamp.

Münch, R. (2009): Globale Eliten, lokale Autoritäten: Bildung und Wissenschaft unter dem Regime von PISA. Berlin: Suhrkamp.

Münch, R. (2007): Die akademische Elite – Zur sozialen Konstruktion wissenschaftlicher Exzellenz. Berlin: Suhrkamp.

Nemo, P. (2005): Was ist der Westen? Tübingen: Mohr Siebeck Verlag.

Normann, F. (1967): Christos Didaskalos – Die Vorstellung von Christus als Lehrer in der christlichen Literatur des ersten und zweiten Jahrhunderts. Münster: Aschendorffsche Verlagsbuchhandlung.

Onfrey, M. (2006) Wir brauchen keinen Gott. München: Piper Verlag.

Organisation for Economic Cooperation and Development (2000): Measuring student knowledge and skills – The PISA 2000 assessment of reading, mathematical and scientific literacy. Paris: OECD.

Platon (1982): Der Staat. Ditzingen: Reclam Verlag.

Quenzel, G. / Hurrelmann, K. (2010): Bildungsverlierer – Neue Ungleichheiten. Wiesbaden: VS.

Rauschenbach, T. (2009): Zukunftschance Bildung – Familie, Jugendhilfe und Schule in neuer Allianz. Weinheim / München: Juventa.

Ricken, N. / Masschelein, J. (2003): Do we still need a conception of ‚Bildung'? In: Educational Philosophy and Theory, Heft 2, S. 139-154.

Rieley, K. (2001): Gaming the System: How to stop playing the organizational game and start playing the competitive game. London: Financial Times.

Rupp, M. (2009): Die Lebenssituation von Kindern in gleichgeschlechtlichen Lebenspartnerschaften. Köln: Bundesanzeiger.

Schulz von Thun, F. (2010): Miteinander reden. Reinbek bei Hamburg : Rowohlt-Taschenbuch-Verlag.

Spaemann, R. (2009): Glück und Wohlwollen. Stuttgart: Klett-Cotta Verlag.

Speck, O. (2011): Schulische Inklusion aus heilpädagogischer Sicht – Rhetorik und Realität. München: Reinhardt.

Spitzer, M. (2010): Medizin für die Bildung – Ein Weg aus der Krise. Heidelberg: Spektrum.

Steinberg, L. (2001): We Know Some Things – Parent-Adolescent Relationships in Retrospect and Prospect. In: Journal of Research on Adolescence, Heft 1, S. 1-19.

Steinberg, L. et al. (1992): Impact of Parenting Practices on Adolescent Achievement – Authoritative Parenting, School Involvment, and Encouragement to Succeed. In: Child Development, Heft 5, S. 1266-1281.

Steinberg, L. / Fletcher, A. / Darling, N. (1994): Parental Monitoring and Peer Influences on Adolescent Substance Use. In: Pediatrics, Heft 6, S. 1060-1064.

Weber, E. (2003): Pädagogik – Grundfragen und Grundbegriffe. Donauwörth: Auer.

Wilber, K. (2002): Eros, Kosmos, Logos – Eine Jahrtausend-Vision. Frankfurt am Main: Fischer.

Wild, E. / Lorenz, F. (2010): Elternhaus und Schule. Paderborn: Schöningh.

Wissenschaftsrat (2010): Empfehlungen zur Weiterentwicklung von Theologien und religionsbezogenen Wissenschaften an deutschen Hochschulen. Köln: Wissenschaftsrat Verlag.

Zentralkomitee der deutschen Katholiken (2012): Gemeinsam lernen – Inklusion von Menschen mit Behinderung im Bildungswesen. http://www.zdk.de/veroeffentlichungen/erklaerungen/detail/Auf-Gott-vertrauen-und-mutig-aufbrechen-Mannheimer-Aufruf-des-Zentral komitees-der-deutschen-Katholiken-zum-Katholikentag-2012-199w/

Zierer, K. (2012): Conditio Humana – Eine Einführung in pädagogisches Denken und Handeln. Baltmannsweiler: Schneider Verlag Hohengehren.

Zierer, K. / Saalfrank, W.-T. (2012): Pädagogik der Antike. Paderborn: Schöningh.

Zierer, K. / Saalfrank, W.-T. (2010): Zeitgemäße Klassiker der Pädagogik. Paderborn: Schöningh.

Zierer, K. (2011): Kritik an der Vermessung der Bildungslandschaft. In: Pädagogische Rundschau, Heft 1, S. 19-24.

Über die Autoren

Reinhard Marx, geboren 1953 in Geseke. Er studierte Theologie und Philosophie in Paderborn, Paris, Münster und Bochum. Er wurde 1988 an der Universität Bochum promoviert, 1979 zum Priester und 1996 zum Bischof geweiht. Seit 2008 ist er Erzbischof von München und Freising. Zuvor war er Bischof von Trier, Weihbischof in Paderborn, Professor für Christliche Gesellschaftslehre in Paderborn und Direktor des Sozialinstituts Kommende in Dortmund. Er ist Vorsitzender der Kommission für gesellschaftliche und soziale Fragen der Deutschen Bischofskonferenz, Präsident der ComECE (Kommission der Bischofskonferenzen der Europäischen Gemeinschaft), Mitglied des Päpstlichen Rates Justitia et Pax, der Vatikanischen Kongregation für die orientalischen Kirchen und der Vatikanischen Kongregation für das Katholische Bildungswesen. Kardinal Marx ist Vorsitzender des Stiftungsrates der Katholischen Universität Eichstätt-Ingolstadt und Magnus Cancellarius der Katholischen Universität Eichstätt-Ingolstadt.

Klaus Zierer, geboren 1976 in Vilsbiburg. Er ist seit 2011 Professor für Erziehungswissenschaften mit dem Schwerpunkt Allgemeine Didaktik / Schulpädagogik an der Carl von Ossietzky Universität Oldenburg. Er studierte von 1996 bis 2001 das Lehramt an Grundschulen und war von 2004 bis 2009 als Grundschullehrer tätig. An der Ludwig-Maximilians-Universität München wurde er 2003 promoviert und 2009 mit einer international vergleichenden Arbeit über eklektisches Vorgehen in Lehrbüchern der Didaktik und des Instructional Design habilitiert. Er besitzt die Venia Legendi Für Erziehungswissenschaft / Pädagogik. Im Rahmen seiner Habilitation war er im Trinity Term 2009 Visiting Research Fellow am Department of Education der University of Oxford und ist seit 2010 Associate Research Fellow am dort angesiedelten ESRC Centre on Skills, Knowledge and Organisational Performance (SKOPE).